JORGE MIKLOS

CIBER-RELIGIÃO
A construção de vínculos
religiosos na cibercultura

EDITORA
IDEIAS&
LETRAS

DIRETOR EDITORIAL:
Marcelo C. Araújo

EDITOR:
Márcio Fabri dos Anjos

CONSULTOR EDITORIAL:
Ênio José da Costa Brito

COORDENAÇÃO EDITORIAL:
Ana Lúcia de Castro Leite

COPIDESQUE:
Camila de Castro Sanches dos Santos

REVISÃO:
Lessandra Muniz de Carvalho

DIAGRAMAÇÃO:
Simone Godoy

CAPA:
Antonio Carlos Ventura

© Ideias & Letras, 2012

Editora Ideias & Letras
Rua Diana, 592, Conj. 121 – Perdizes
05019-000 São Paulo-SP
Tel. (11) 3675-1319
Televendas: 0800-777-6004
vendas@ideiaseletras.com.br
www.ideiaseletras.com.br

Dados Internacionais de Catalogação na Publicação (CIP)
(Câmara Brasileira do Livro, SP, Brasil)

Miklos, Jorge

Ciber-religião: a construção de vínculos religiosos na cibercultura / Jorge Miklos. - Aparecida, SP: Ideias & Letras, 2012.

Bibliografia

ISBN 978-85-7698-143-5

1. Cibercultura 2. Ciberespaço 3. Comunicação e cultura 4. Comunicação e tecnologia 5. Meios de comunicação 6. Mídia 7. Mídia e religião 8. Midiofagia 9. Religião e cultura 10. Semiótica I. Título.

12-05128   CDD-302.23

Índices para catálogo sistemático:
1. Meios de comunicação eletrônicos interativos: Midiatização da religião: Comunicação e semiótica: Ciências sociais 302.23

Sumário

Introdução 7

**1. *Religare*: formas tradicionais e o impacto
    da modernidade** 17
1. *Religare* e vínculo 17
2. Modernidade: o desencantamento do mundo 22
3. A mídia religiosa e a religião midiática 28

2. Midiofagia: usurpação do poder divino 57
1. Antropofagia, iconofagia e midiofagia 57
2. Morte e *religare* 62
3. Atributos divinos 68
4. Dromocracia: o atributo da onipotência 72
5. Glocal: o atributo da onipresença e onisciência 80
6. Tecnologia como religião 87

3. Ciber-religião: o sacrifício do corpo e do espaço 91
1. Cibercultura: monopólio e incomunicação 91
2. Relações entre as noções de rede e *religare* 107

3. Novas cenas religiosas: velas virtuais 119

4. Novas cenas religiosas: terços virtuais 121

5. O sacrifício do corpo 123

6. Peregrinar é preciso 127

7. Peregrinações antigas 130

8. Peregrinação a Meca 131

9. Santiago de Compostela...................................... 134

10. Ciberperegrinação 138

11. O sacrifício do espaço 141

Considerações finais 147

Referências bibliográficas 151

*Conheça todas as teorias, domine todas as técnicas,
mas ao tocar uma alma humana, seja apenas
outra alma humana.*
(Carl G. Jung)

Introdução

> Quem escreve já devorou outras escritas e quem lê devora a realidade transformada em linha de escrita.
>
> (Norval Baitello Junior)

Vamos estudar aqui o *religare* e o modo como as formas de religação, originalmente relacionadas às religiões, na modernidade, migraram para o espaço dos meios eletrônicos de comunicação, transformando-se em uma versão diluída: o vínculo comunitário, viabilizado pela comunicação. Apesar de não tratar diretamente da questão nem da transcendência nem do sagrado, é impossível que essas questões não ecoem no texto, na medida em que a transcendência é decorrência do *religare*. No *religare,* há uma amplificação da consciência que fatalmente lança o ego para além da sua condição de indivíduo isolado e limitado. Esse além é a transcendência. O sagrado, oriundo do sacrifício – *sacro ofício* –, acaba sendo evocado, por sua vez, na medida em que todo o tema do trabalho, a ciber-religião, trata do ambiente virtual das comunidades religiosas, ambiente que se estabeleceu historicamente a partir de um sacrifício: o do corpo e do espaço concretos. Esses elementos excluídos reaparecem, às vezes, sem ser convidados, como todo excluído da cultura. Assim, a investigação iniciada com esta pesquisa tentou esgueirar o fenômeno da ciber-religião e sua natureza cultural e midiática.

Esta pesquisa é um estudo de comunicação. Seu objeto é a mídia, em particular os meios de comunicação eletrônicos interativos (mais precisamente, os computadores e outras tecnologias capazes de rede) que atualmente servem de suporte para a manifestação de experiências religiosas. A mídia é uma configuração sociotécnica culturalmente ampla, que abarca parte da vida social. As tecnologias comunicacionais são artefatos culturais, produtos de nossas intenções e nossos propósitos. A relação entre tecnologia e vida social produz um fenômeno ambivalente: se por um lado a tecnologia determina a sociedade; por outro, os modos como nos apropriamos delas e o uso que fazemos reinventam as suas características. Assim, não estamos interessados em saber apenas como a mídia funciona, mas que sentidos ela traz e acrescenta ao mundo.

A questão central a que esta pesquisa pretende responder é: em que medida e sob quais procedimentos, a comunicação, mediada pelos equipamentos eletrônicos e, mais recentemente, informáticos de tempo real, relaciona-se com as atuais transformações no campo das experiências religiosas? Dessa questão desdobram-se outras. Dada a quantidade de usuários que frequentam a *web* para comparecer em velórios virtuais, fazer promessas, pedidos, rezar, enviar santinhos, agradecer graças alcançadas e acender velas para santos, vale perguntar se o ícone maior dos nossos tempos, a internet, pode também ser sinônimo de fé. A conexão substituiu a experiência do *religare*? Estaríamos vivendo o reencantamento do mundo por meio da mídia ou a busca pelo reencantamento do mundo terá promovido o encantamento da mídia?

As hipóteses iniciais sugerem que há uma dupla contaminação entre a esfera do religioso e a midiática, isto é, os formatos midiáticos se apropriam de elementos do ritual religioso, submetendo-os a uma estética própria, e, simultaneamente, a religião midiatiza-se e a mídia é sacralizada. Assim, as experiências religiosas no *cyberspace* – a ciber-religião –, como fenômeno midiático, nada mais são que uma busca por um território encantado, mas o que acaba sofrendo esse encantamento é a própria mídia.

No capítulo 1, procuramos analisar em que circunstâncias a experiência religiosa tradicional foi abalada visceralmente com o advento da modernidade. Nas sociedades pré-modernas, o *religare* era parte integrante de cada um, da mesma maneira como o sexo, a cor da pele, os membros, a linguagem. Na modernidade desencantada, fruto do capitalismo e impulsionada pelo pensamento iluminista, o mundo religioso foi sendo fragmentado, afastando o homem da natureza e da realidade cósmica, já que tudo passou a ser explicado, medido, aferido, relegando ao homem o desamparo, em sua eterna busca pela realização mítica.

Como fruto desse processo, ainda no capítulo 1 são analisados o fenômeno "mídia religiosa e a religião midiática", com Baitello Jr. Na disputa por mais fiéis, os meios eletrônicos de comunicação tornaram-se um poderoso aliado de evangelização das igrejas. Sob a justificativa oficial da conversão, as religiões passam a usar os meios eletrônicos de comunicação. Meios de comunicação eletrônicos e religião passam a formar um conglomerado complexo – uno e diverso – em uma relação de interdependência.

Pensar a comunicação humana é entrar no mundo da cultura. No capítulo 2, procuramos analisar o fenômeno que denominamos de midiofagia, isto é, os meios de comunicação eletrônicos interativos (mais precisamente, os computadores e outras tecnologias capazes de rede) apropriam-se de conteúdos arcaicos presentes no imaginário de uma cultura, "devoram" os seus atributos, metabolizam e os devolvem para a cultura a partir dos seus interesses. Essa ação de "devoração" e metabolização é intrínseca da cultura.

Ainda no capítulo 2, esquadrinhamos os principais atributos divinos (onipotência, onisciência e onipresença) e observamos que esses traços da cultura arcaica são recuperados pela sociedade cibercultural contemporânea e reconfigurados à luz dos aspectos modernos. Os meios eletrônicos interativos (mais precisamente, os computadores e outras tecnologias capazes de rede) devoram atributos divinos (onipotência, onisciência e onipresença) e transformam-nos em seus.

No capítulo 3, procuramos descrever o fenômeno da ciber-religião como obra da civilização cibercultural. A cultura contemporânea fortemente marcada pelas tecnologias digitais está transformando radicalmente a sociabilidade humana. As experiências religiosas, evidentemente, não ficaram imunes a tantas mudanças. Atualmente várias pessoas, ligadas ou não a instituições religiosas, lançam mão dos meios de comunicação eletrônicos interativos (mais precisamente, os computadores e outras tecnologias capazes de rede) como mediação para experiências religiosas. Pessoas recorrem à internet para participar de velórios virtuais, para fazer pedidos e promessas e outros tipos de oração, como foi dito mais acima.

A experiência religiosa no *cyberspace* implica um metabolismo. Da passagem da comunicação gestual, corpórea, para a imagem plana e bidimensional. Na ciber-religião, o corpo é sacrificado, abolido da experiência religiosa. Esse fenômeno reflete o "espírito do nosso tempo", pois nossa sociedade despreza cada vez mais os sentidos de proximidade, substituindo-os pelas tecnologias virtuais aplicadas à comunicação. Consideraram-se, na linha de Harry Pross, que: "Toda comunicação humana começa na mídia primária (corpo), na qual os participantes individuais se encontram cara a cara e imediatamente presentes com seu corpo; toda comunicação humana retornará a este ponto" (Pross *apud* Baitello Jr., 1997).

Na mesma linha do sacrifício, analisamos outra experiência religiosa no *cyberspace*: a ciber-peregrinação. No formato tradicional, o peregrino é aquele que se desloca no espaço em busca de sua redenção: trata-se de uma experiência religiosa que provoca um deslocamento no espaço. Peregrinar traz a ideia de viajar, andar longamente por lugares vários e distantes.

Na ciberperegrinação, isto é, na experiência religiosa do peregrinar no *cyberspace*, é possível romper os limites do espaço. O peregrino pode percorrer o caminho da sua redenção sem precisar sair dos limites do seu espaço físico. Os meios de comunicação eletrônicos interativos, aproveitando-se da necessidade do homem de vincular-se por meio do rito de peregrinação, procuram desenhar um ambiente no qual essa vinculação possa acontecer num espaço nulo-dimensional.

A pesquisa, de caráter interdisciplinar, contou com o cruzamento de olhares epistemológicos distintos. O referencial teórico da pesquisa utilizou como alicerces conceituais na área da Comunicação as obras dos professores Harry Pross na formulação da Teoria da Mídia, com as tipologias de mídia primária, secundária e terciária, e os estudos de Ivan Bystrina pela estruturação cultural dos textos simbólicos, a partir da leitura dos processos comunicativos de um ponto de vista interdisciplinar.

A Filosofia da Mídia, bem como a Semiótica da Cultura, ampliadas por Norval Baitello Junior, contribuíram para a reflexão dos formatos midiáticos contemporâneos. A formulação do conceito de iconofagia, em sintonia com processos culturais antropofágicos, ou seja, pensando a comunicação como processo de "devoração" do outro, contribuiu para compreender os processos culturais e comunicacionais contemporâneos. A teoria de Baitello Junior examina as imagens que devoram e são devoradas, num processo em que o corpo é encoberto pelo caráter dissimulador das imagens. Da mesma forma, sua ponderação de comunicação como processo vinculante estimulou-nos a não reduzir o conceito de comunicação como troca de informações.

No âmbito das Ciências da Comunicação, a teoria de Norval Baitello Junior realiza uma obra fundamental. Dialoga com as principais correntes de pensamento do passado e presente, desde Walter Benjamin, Harry Pross, Ivan Bystrina, Dietmar Kamper até Hans Belting, Vilém Flusser, Bóris Cyrulnik e Günther Anders, entre outros. Além de realizar um balanço crítico de diferentes contribuições teóricas de uns e outros, formula contribuições originais, abrindo novas possibilidades de reflexão. Há uma Comunicologia crítica muito desenvolvida nos escritos e nas aulas de Norval Baitello Junior.

Para o desenvolvimento da pesquisa, contamos também com o pensamento de Vilém Flusser, que, entre tantas contribuições para o campo dos estudos da Comunicação, ofereceu-nos sua reflexão delineada acerca do processo da escalada da abstração, e a passagem do espaço físico para o espaço nulodimensional midiatizado muito contribuiu para uma reflexão acerca dos cenários hodiernos da Comunicação. Para ele, as tecnoimagens promovem o caminho da tridimensionalidade para a bidimensionalidade, desta para a unidimensionalidade e desta outra para a nulodimensionalidade.

Os pensamentos de Paul Virilio e Eugênio Trivinho, para as reflexões acerca da cibercultura, compõem do mesmo modo o quadro de referência para a investigação. A intenção da presente pesquisa é valer-se do percurso crítico, articulando teorias e conceitos – como a dromocracia, de Paulo Virilio, prisma de visão da realidade baseado no fenômeno de velocidade técnica e tecnológica, e o glocal, de Eugênio Trivinho, fenômeno correspondente à mescla entre os conceitos local e global verificado nas redes de comunicação em tempo real. Nesse caminho, encontramos um horizonte fecundo de pesquisa capaz de contribuir para o desenvolvimento da temática em foco, a saber, a ciber-religião.

Recorreu-se, igualmente, aos estudos de mediosfera e o seu lugar no imaginário religioso mediático formulados por Malena Segura Contrera. De acordo com Malena Contrera, o universo midiático contemporâneo constrói seu imaginário reapresentando, recontando e resignificando os mitos originais que habitam o inconsciente coletivo, mas de forma deturpada, distorcida e cada vez menos fiéis aos arquétipos originais, já que tem como referência as imagens midiáticas e não as experiências do mundo real.

Para compreensão do fenômeno religioso, recorre-se aos conceitos esboçados por reconhecidos estudiosos, como Mircea Eliade e Joseph Campbell. A pesquisa apoia-se ainda nas obras de estudiosos da contemporaneidade, em áreas ligadas à comunicação, como Zygmunt Bauman e David Harvey.

O eixo definidor que percorrerá a leitura desses autores esteve na compreensão de pensar a comunicação e a religiosidade no âmbito da cultura. Embora haja muitas apreciações de cultura, optamos por aquela que afirma ser a cultura um mecanismo histórico de produção simbólica construído pelo homem. Abrangemos o conceito de cultura como "fundamentalmente semiótico, acreditando, como Max Weber, que o homem é um animal amarrado a teias de significados que ele mesmo teceu" (*apud* GEERTZ, 1989). Isso significa que o homem desenvolve uma imensa capacidade representativa e, no processo de representação do mundo, transforma a realidade e, respectivamente, essa representação transforma o próprio homem que a criou.

Durante o percurso do trabalho, percebemos a ciber--religião como um objeto multifacetado. Imbuído dessa visão multidisciplinar, o trabalho objetiva dar uma contribuição para as Ciências da Comunicação e da Cultura. Procuramos expor cenários nos quais a anulação do espaço e do corpo concretos transformou as práticas religiosas.

1. *Religare*:
Formas Tradicionais
e o Impacto da Modernidade

O tipo de entendimento em que a comunidade se baseia precede todos os acordos e desacordos. Tal entendimento não é uma linha de chegada, mas o ponto de partida de toda a união. É um "sentimento recíproco e vinculante" – "a vontade real e própria daqueles que se unem"; e é graças a esse entendimento, e somente a esse entendimento, que na comunidade as pessoas "permanecem essencialmente unidas a despeito de todos os fatores que a separam".[1]

1. *Religare* e vínculo

Bauman, ao tratar do tema da comunidade, refere-se a um sentimento recíproco e vinculante que ele considera, a partir de referências a Ferdinand Tönnies, o elemento básico de constituição da comunidade. Nas sociedades pré-modernas, esse sentimento inscrevia-se claramente como *religare*.

---

[1] BAUMAN, Zygmunt. *Vida líquida*. Rio de Janeiro: J. Zahar, 2007, p. 15-16.

Para esta pesquisa, o termo "religare" é distinto do termo "religião", muito embora eles possam caminhar juntos. Ainda que as religiões procurem abarcar a dimensão do *religare,* essa experiência não é privilégio exclusivo das religiões. Dito de outra forma, a experiência do *religare* não é algo do outro mundo, do além, como muitos líderes religiosos consideram. Diferente disso, a experiência religiosa existe como dimensão intrínseca do ser humano. A experiência do *religare* é antropológica e atua como potencialidade para se abrir para o transcendente.

A palavra *religare* é formada pelo prefixo *re* (outra vez, de novo) e o verbo *ligare* (ligar, unir, vincular). O *religare,* nesse sentido, é a forma primeira de vínculo, concebida não só como vínculo entre os homens e seus deuses, mas especialmente entre os próprios homens. Embora a religião ambicione ligar, unir os homens, ela foi e é, muitas vezes, motivo de separação e guerras entre eles. A religião une os iguais e é pretexto para separar os diferentes.

O pensador francês Émile Durkheim percebeu em seus estudos que uma das características da religião é promover a integração social. Ele demonstrou que os fatos sociais têm existência própria e independem daquilo que pensa e faz cada indivíduo em particular. Para isso, ele atribui três características que diferenciam os fatos sociais:

- *Coercitividade:* força exercida sobre os indivíduos, obrigando-os, por meio do constrangimento, a se moldar com as regras, normas e valores sociais vigentes;
- *Exterioridade:* fenômeno social que atua sobre os indivíduos, mas independentemente das vontades individuais;

• *Generalidade:* manifestação de um fenômeno que permeia toda a sociedade.[2]

> Religião é um sistema solidário de crenças e de práticas relativas a coisas sagradas, isto é, separadas, interditas; crenças e práticas que unem em uma mesma comunidade moral, chamada Igreja, todos aqueles que a elas aderem. O segundo elemento que ocupa um lugar em nossa definição e que não é menos essencial que o primeiro é o fato de que a ideia de religião é inseparável da ideia de Igreja, isto quer dizer que a religião deve ser uma forma eminentemente coletiva.[3]

Durkheim considerou a religião como um "fato social", ou seja, exterior ao indivíduo, universal e coercitivo. Para ele foi possível constatar que a participação na ordem sagrada, como o caso dos rituais ou cerimônias, conferia aos participantes um prestígio social especial, ilustrando uma das funções sociais da religião, que pode ser definida como um sistema unificado de crenças e práticas relativas às coisas sagradas. Estas unificam o povo numa comunidade moral (Igreja), um compartilhar coletivo de crenças que, por sua vez, é essencial ao desenvolvimento da religião. Dessa forma, o ritual pode ser considerado um mecanismo para reforçar a integração social. Durkheim conclui que a função substancial da religião é a criação, o

---

[2] DURKHEIM, Émile. *As formas elementares de vida religiosa*: o sistema totêmico na Austrália. São Paulo: Paulinas, 1989.
[3] *Ibidem*, p. 37.

reforço e manutenção da solidariedade social. Enquanto existir a sociedade, persistirá a religião, e esta reforçará os vínculos sociais.

Essa experiência de *religare* ocorria fundamentalmente na base da constituição das comunidades, porque nas sociedades pré-modernas a experiência religiosa sucedia presencialmente. A experiência religiosa era vivenciada nos rituais religiosos, que na maioria visavam à transcendência e que por isso tinham como principal plataforma o corpo. Não poderia ser de outra forma, já que não se pode conceber a transcendência sem a experiência da imanência, ou seja, só é possível transcender a partir de uma realidade espaço-temporal específica. A experiência da transcendência está ligada à experiência da imanência:

> Somos seres de enraizamento e de abertura. A raiz que nos limita é nossa dimensão de imanência. A abertura que nos faz romper barreiras e ultrapassar todos os limites, impulsionando a busca permanente por novos mundos, é nossa transcendência. [...] Nessa experiência emerge aquilo que somos: seres de imanência e de transcendência, como dimensões de um único ser humano. Imanência e transcendência não são aspectos inteiramente distintos, mas dimensões de uma única realidade que somos nós.[4]

---

[4] BOFF, Leonardo. *Tempo de transcendência*: o ser humano como um projeto infinito. São Paulo: Editora Sextante, 2000, p. 34.

Para Mircea Eliade,[5] a experiência religiosa pressupõe uma vivência no tempo e no espaço. Para o homem religioso, o espaço e o tempo não são homogêneos nem contínuos. O que funda a experiência religiosa é manifestação da hierofania no espaço-tempo, o que configura a clivagem do espaço-tempo sagrado e profano. "A manifestação do sagrado funda ontologicamente o mundo." Assim, participar de uma experiência religiosa implica a saída da configuração espacial e temporal ordinárias e a reintegração no espaço e no tempo sagrado. O homem religioso experimenta duas experiências da dimensão espaço-tempo: a dimensão profana e a dimensão sagrada. Na dualidade espaço-tempo/profano-sagrado é que se configura a existência religiosa do homem, para quem o *religare* orienta o caminho da transcendência inscrito na trama da cultura.

> Para um crente, uma Igreja faz parte de um espaço diferente da rua onde ele se encontra. A porta que se abre para o interior da Igreja significa de fato uma solução de continuidade. O limiar que separa os dois espaços indica ao mesmo tempo a distância entre os dois modos de ser, profano e sagrado. O limiar é ao mesmo tempo o limite, a baliza, a fronteira que distingue e opõe dois mundos – e o lugar paradoxal onde esses dois mundos se comunicam, onde se pode efetuar a passagem do mundo profano para o mundo sagrado.[6]

---

[5] ELIADE, Mircea. *O sagrado e o profano: a essência das religiões.* São Paulo: Martins Fontes, 1992.

[6] *Ibidem*, p. 25.

Essa forma de vivenciar o *religare* se inseria em um contexto histórico, no qual a constituição da comunidade se dava a partir dessas mesmas condições espaçotemporais, ou seja, havia o que podemos conceber como "comunidades de origem", conforme propõe Bauman,[7] nas quais as relações interpessoais privilegiavam as comunicações não mediadas eletronicamente, isto é, as relações comunicativas presenciais.

É justamente essa condição da comunidade de origem, ou seja, o enraizamento comunitário, a partir de experiências espaçotemporais concretas de convivência contínua, que será abalada visceralmente com o advento da modernidade.

2. Modernidade: o desencantamento do mundo

> No sentido mais amplo do progresso do pensamento, o Iluminismo (Esclarecimento) tem perseguido sempre o objetivo de livrar os homens do medo e investi-los na posição de senhores. Mas a terra totalmente esclarecida resplandece sob o signo de uma calamidade total. O programa do esclarecimento era o desencantamento do mundo. Sua meta era dissolver os mitos e substituir a imaginação pelo saber. Mas, em face dessa possibilidade, o esclarecimento se converteu, a serviço do presente, na total mistificação das massas.[8]

---

[7] *Op. cit.*

[8] ADORNO, Theodor W., HORKHEIMER, Max. *A Dialética do Esclarecimento:* fragmentos filosóficos. Rio de Janeiro: Jorge Zahar Editor, 1985.

Para Max Weber, era evidente a relação interna entre a modernidade e aquilo que designou como racionalismo ocidental. Ele apontava para a evidência de que o processo de racionalização da sociedade ocidental estava imbricado ao alargamento do capitalismo. Weber delineou como "racional" o processo de *desencantamento do mundo,* ocorrido na Europa, que, ao destruir a religiosidade tradicional, centrada na relação com a natureza, criou uma religiosidade ética, centrada nas operações racionais.[9]

O capitalismo parecia-lhe a expressão da modernização e um eloquente contorno de racionalização do homem ocidental. Weber foi o primeiro a relacionar o surgimento da modernidade ao predomínio, em todas as esferas da sociedade, da ação racional com relação a fins, isto é, aquela que ocorre quando o indivíduo orienta sua ação pelos fins, meios e consequências secundárias, ponderando racionalmente tanto os meios em relação às consequências secundárias, como os diferentes fins possíveis entre si.

A crescente racionalização da vida no Ocidente, abarcando campos como a música, o direito e a economia, implicava, em sua visão, um alto custo para o homem moderno. Essa escalada da razão, a sua utilização abusiva, levava a uma excessiva especialização, a um mundo cada vez mais intelectualizado e artificial, que abandonara para sempre os aspectos mágicos e intuitivos do pensamento e da existência. Suas análises o convenceram da inevitabilidade desse processo de

---

[9] A respeito da situação atual desse processo, Malena Segura Contrera redigiu o livro: *Mediosfera*. São Paulo: Annablume, 2010. 142 p.

racionalização. A sua visão sociológica dos tempos modernos desemboca numa apreciação melancólica e pessimista, capitulando de forma resignada a realidade social:

> Ninguém sabe quem viverá, no futuro, nesta prisão ou se, no final deste tremendo desenvolvimento surgirão profetas inteiramente novos, ou se haverá um grande ressurgimento de velhas ideias e ideais, ou se, no lugar disso tudo, uma petrificação mecanizada ornamentada com um tipo de convulsiva autossignificância. Neste último estágio de desenvolvimento cultural, seus integrantes poderão de fato ser chamados de "especialistas sem espírito, sensualistas sem coração"; nulidades que imaginam ter atingido um nível de civilização nunca antes alcançado.[10]

Vivendo na Alemanha, uma nação retardatária quanto ao desenvolvimento capitalista, Weber procurou conhecer a fundo a essência do capitalismo moderno. Para ele, as instituições produzidas pelo capitalismo, como a grande empresa, constituíam clara demonstração de uma organização racional que desenvolvia suas atividades dentro de um padrão de precisão e eficiência. Essa eficiência ajustava-se ao predomínio econômico. Essa seria, portanto, a marca do desencantamento do mundo característico dos tempos modernos conforme também assinala Gilberto Dupas:[11]

---

[10] WEBER, Max. *A ética protestante e o espírito do capitalismo.* São Paulo: Cia. das Letras, 2005.

[11] DUPAS, Gilberto. *Ética e poder na sociedade da informação:* de como a autonomia das novas tecnologias obriga a rever o mito do progresso, São Paulo: Unesp, 2001.

Perseverança, domínio de si, curiosidade, flexibilidade e improvisação, valores que os antigos ensinavam às crianças pelos ritos, são hoje substituídos por velocidade, lógica e razão. Abre-se uma brecha entre as gerações. Para os mais jovens, participam da natureza das coisas o efêmero, o novo e as modas, a mudança e a precariedade, a rapidez e a intensidade, a descontinuidade e o imediato. A urgência destrói a capacidade de construir e esperar. Bombardeado pela mídia eletrônica que associa a felicidade ao consumo de marcas globais, o jovem excluído – receptor exatamente da mesma mensagem que o incluído – tem como alternativas conseguir a qualquer preço o novo objeto de desejo ou recalcar uma aspiração manipulada pelo interesse comercial.[12]

Flusser[13] enfatiza que esse pensamento modernizante, fruto da era tecnológica, deforma o solo fértil religioso ao reprimir esse desejo latente de realização mítica. Acerca de tal deformidade e perversão, ele pondera:

Épocas e sociedades religiosamente pobres, como a época que está para encerrar-se e a sociedade tecnológica, reprimem e abafam a capacidade individual para a religiosidade. [...] Outra consequência dessa repressão é o desvio do ardor religioso da dimensão sacra para a profanidade chata do mundo que resulta em pseudorreligiosidades como o endeusamento do dinheiro e do Estado.[14]

---

[12] *Ibidem*, p. 137.
[13] FLUSSER, Vilém. *Da religiosidade*: a literatura e o senso de realidade. São Paulo: Comissão Estadual de Cultura, 1967.
[14] *Ibidem*, p. 13.

As consequências desses desvios da atividade religiosa, considerado por Flusser como absurdidade, são respondidas com outra absurdidade. Isso pode ser hoje observado pela azáfama da religião em oferecer-se como novo espaço para essa efetivação, mediante o meio eletrônico televisivo que demonstraremos em seguida.

O espaço-tempo, nos tempos primitivos, antes locais, determinados como sagrados, como afirma Eliade,[15] e cuja comunicação reforçava os vínculos da comunidade, são reconfigurados pela tecnologia. Segundo Sodré,[16] a atual sociedade moderna e sua cultura burguesa refletem essas mudanças causadas pelo avanço das técnicas implicando na prática, de acordo com o autor, uma operacionalização das trocas sociais sob a égide do "signo" ou da espetacularização da vida social.

Desapareceu a religião? O *religare* foi destruído? De forma alguma. Eles permanecem e, frequentemente, exibem uma vitalidade que se julgava extinta. Porém, no mundo desencantado, os fenômenos religiosos se alteraram. Nas sociedades pré-modernas, o *religare* era parte integrante de cada um, da mesma maneira como o sexo, a cor da pele, os membros, a linguagem. Na modernidade desencantada, fruto do capitalismo e impulsionada pelo pensamento iluminista, o mundo religioso foi sendo fragmentado, afastando o homem da natureza e da realidade cósmica, em que tudo passou a ser explicado, medido, cotejado, relegando ao homem o desamparo, em sua eterna busca pela realização mítica.

---

[15] *Op. cit.*
[16] FLUSSER, Vilém. *Op. cit.*, 1967.

A propósito dessa necessidade do homem em dar espaço à religiosidade nesses tempos modernos, Flusser[17] adverte acerca desses novos campos que se abrem como possibilidades e que o presente estudo identifica nos meios de comunicação eletrônicos, assumindo esse *lócus* social. Sobre tal argumentação ele considera:

> O presente momento pode ser, portanto, caracterizado pela tentativa, consciente ou não, de darmos novo campo a nossa religiosidade. Como indivíduos e como sociedade estamos à procura de um veículo novo para substituir as religiões tradicionais e abrir campo a nossa religiosidade latente.[18]

Certamente, essa nova religiosidade apontada por Weber, que partia de um pensamento centrado em processos abstratos da razão, prepara o mundo para a consagração do virtual. O Deus mesmo proposto por essa forma de religiosidade é um Deus do virtual, o que prepara o mundo para a virtualização das outras esferas além do divino.

O elogio às relações virtuais, que é parte do projeto de desmaterialização do mundo, levou ao triunfo da crença de que se pode prescindir das condições concretas da vida, e isso acarretou, de certo modo, a crescente destruição das comunidades de origem e das relações de *religare* que nelas se estabeleciam. Em seu lugar, entra o sonho de encontrar nas medições novas formas de religação, por um lado, e a submissão das religiões seculares ao modelo de negócios do capitalismo, por outro.

---

[17] *Ibidem*, p. 20.
[18] WEBER, Max. *Ciência e Política*. Duas vocações. São Paulo: Cultrix, 2004.

3. A mídia religiosa e a religião midiática

Uma verdadeira prédica emocional, pouco importa que essa prédica divulgue suas revelações por meio da palavra, do panfleto ou de qualquer outra forma de escrito (assim como nos capítulos do Alcorão de Maomé). O profeta está sempre mais próximo do demagogo, do publicista político, do que do mestre e de seu empreendimento.[19]

---

[19] A história recente do Corcovado data desde o século XVI, quando os colonizadores portugueses batizaram a montanha de Pico da Tentação, uma referência a um monte bíblico. No século XVII, o monte é rebatizado de Corcovado, devido a sua forma, que lembraria uma corcunda (corcova). Em 1824, dois anos após a independência do Brasil, dom Pedro I lidera uma expedição ao topo do Corcovado, abrindo um caminho para o cume. Em 1859, 35 anos mais tarde, padre Pedro Maria Boss sugere à princesa Isabel que seja construído um monumento religioso no alto do Corcovado. Em 1882, dom Pedro II autoriza a construção da Estrada de Ferro do Corcovado, que começa a funcionar em 1884 no trecho Cosme Velho/ Paineiras. Um ano mais tarde, é inaugurado o trecho final da estrada de ferro, ligando as Paineiras ao topo do morro. A extensão total da ferrovia é de 3.800 metros. Somente em 1921 é retomada a ideia do padre Maria Boss de construir um monumento religioso, na ocasião para comemorar-se o centenário da independência do Brasil. A pedra fundamental da construção é lançada em 4 de abril de 1922. Em 1923, é realizado um concurso para a escolha do monumento a ser construído, e o projeto vencedor é do engenheiro Heitor da Silva Costa. Finalmente, em 1931, é inaugurada oficialmente a Estátua do Cristo Redentor. O desenho da estátua é de Carlos Oswald, e a execução do escultor francês Paul Maximilian Landowski. As escadas rolantes e os elevadores são de 2003. Disponível em: <http://www.corcovado-rio.com/historia.htm>. Acesso em: 20 mar. 2010.

A mútua contaminação entre os meios de comunicação eletrônicos e religião deu-se, nesse sentido, pela afinidade de ambas com o modelo capitalista de crescimento e abarcamento social e pela sua vocação doutrinária, por seu proselitismo.

Sob a justificativa oficial da conversão, as religiões passam a usar os meios eletrônicos de comunicação. São dezenas de programas de rádio, jornais e revistas dedicados ao tema. Meios de comunicação eletrônicos e religião, em uma relação de interdependência, passam a formar um conglomerado complexo – uno e diverso. Enfim, um canal de difusão de bens simbólicos, especificamente dos emblemas religiosos que pautam a visão de mundo proposta pela religião que utiliza esses meios eletrônicos. Esse quadro tem, no Brasil, uma situação que o representa emblematicamente.

No dia 12 de outubro de 1931, foi inaugurada a estátua do Cristo Redentor, cartão postal da cidade do Rio Janeiro e, provavelmente, um dos símbolos mais reconhecidos pelos estrangeiros acerca do Brasil.[20] O evento contou com as presenças do cardeal dom Sebastião Leme e do então chefe do governo provisório, Getúlio Vargas. Por iniciativa do empresário e jornalista Assis Chateaubriand, o cientista italiano Guglielmo Marconi foi convidado a inaugurar a iluminação do monumento,

---

[20] Há no *youtube* um vídeo sobre a construção e a inauguração da estátua do Cristo Redentor. Disponível em: <http://www.youtube.com/watch?v=-T5TGthXB9k&feature=related>.

a partir de seu iate Electra, na baía de Nápoles. Emitido do iate, o sinal elétrico seria captado por uma estação receptora instalada em Dorchester, na Inglaterra, e retransmitido para uma antena em Jacarepaguá, no Rio de Janeiro, de onde seriam acesas as luzes do Corcovado. No entanto, o mau tempo no dia prejudicou a transmissão, e o monumento foi iluminado diretamente do Rio de Janeiro.[21] Em 2007 o Cristo Redentor foi declarado uma das 7 Maravilhas do Mundo moderno.[22]

Outra situação emblemática! Na madrugada do dia 12 de outubro de 1995, o pastor Sérgio Von Helder, da Igreja Universal do Reino de Deus (IURD), atacou com socos e pontapés uma imagem de Nossa Senhora Aparecida diante das câmeras de TV, demonstrando hostilidade a uma escultura da padroeira do Brasil. A cena, originalmente levada ao ar em um programa religioso da Rede Record, propriedade da Igreja, foi repetida centenas de vezes nos

---

[21] As Novas 7 Maravilhas do Mundo foram escolhidas em concurso informal e popular internacional promovido pela *New Open World Foundation*, com o lançamento da campanha *New 7 wonders*, que contou com mais de cem milhões de votos através de telefones celulares e da Internet, enviados de todas as partes do mundo.

[22] A notícia com as imagem do pastor chutando a imagem está disponível no *youtube*, disponível em: <http://www.youtube.com/watch?v=WPloxanOkxl>. Acesso em: 20 ago. 2010.

telejornais de outras emissoras.[23] Autoridades da Igreja condenaram a cena, templos da Universal foram atacados. A reação a esse gesto levou o bispo a um exílio, surgindo daí a ideia de expandir a IURD para a África.[24]

Na disputa por mais fiéis, os meios eletrônicos de comunicação tornaram-se um poderoso aliado de evangelização das igrejas. As chamadas "igrejas eletrônicas", que surgiram nos Estados Unidos e se difundiram no Brasil desde o início da década 1980, hoje realizam transmissões ao vivo de cultos religiosos e programas de evangelização.

No Brasil, nunca grupos religiosos, evangélicos e católicos, controlaram tantas rádios e TVs. Nem empreenderam ofensiva tão organizada para ampliar seu poder político.

---

[23] A IURD expandiu-se e atualmente está presente em mais de 170 países do mundo, entre os quais: Portugal, Estados Unidos, Rússia, China (Hong Kong), Japão, França, Índia, Israel, Honduras, Guatemala, Nicarágua, Panamá, Equador, Letônia, Romênia, Nova Zelândia, Filipinas, entre outros. É impressionante a força da IURD na África, onde está presente em: África do Sul, Angola, Botswana, Cabo Verde, Camarões, Congo, Costa do Marfim, Etiópia, Gabão, Gana, Guiné Bissau, Lessoto, Madagascar, Malawi, Moçambique, Namíbia, Nigéria, Quênia, São Tomé e Príncipe, Senegal, Suazlândia, Tanzânia, Zambia, Zimbabwe. Em Moçambique a IURD tem sua sede no bairro do Alto-Maé, na capital Maputo. A IURD neste país conta com programas diários de rádio e televisão, a Rede Miramar, o portal de Internet Arca Moçambique e o jornal impresso semanário Folha Universal Moçambique, com tiragem facial de 14 mil exemplares, distribuído para todo o país. Os veículos de comunicação ajudam no trabalho intenso de evangelização por todo o país.
[24] PONTIFÍCIO CONSELHO PARA AS COMUNICAÇÕES SOCIAIS – IGREJA E INTERNET. Disponível em: <http://www.vatican.va>. Acesso em: 7 jan. 2010.

Se, por um lado, os Papas e líderes de outras denominações religiosas que assistiram ao alvorecer da modernidade execravam os novos tempos por tentarem emancipar o homem de Deus; por outro, a tendência religiosa atual, incentivada por Bento XVI, procura utilizar os meios de comunicação eletrônicos a favor da fé e aliar o digital e o espiritual em busca de espaços em que as expressões de fé atuem como poderosos coadjuvantes no dia a dia do crente, um conforto nas horas em que não se pode vivenciar um contato concreto. Nesse cenário, a experiência tradicional do *religare* foi abandonada e substituída por uma espécie de teleparticipação na qual a natureza estética dos meios eletrônicos interativos (mais precisamente, os computadores e outras tecnologias capazes de rede) se impõe sobre qualquer forma de estabelecimento de senso comunitário.

Enquanto a Igreja Católica assume uma postura e um discurso tradicionalista no sentido de impedir a modernização cultural de encontro a propostas como aborto, uso de contraceptivos artificiais, união civil de homossexuais, direitos reprodutivos da mulher e outros temas morais; a mesma Igreja Católica assume uma posição favorável acerca da utilização dos meios eletrônicos interativos (mais precisamente, os computadores e outras tecnologias capazes de rede), mostrando que nem mesmo o catolicismo ficou imune à tecnologia:

> O interesse da Igreja pela internet constitui uma particular expressão do seu antigo interesse pelos meios de comunicação social. Considerando os meios de comunicação como o resultado do processo histórico-científico, mediante o qual a humanidade foi

"progredindo cada vez mais na descoberta dos recursos e dos valores contidos em tudo aquilo que foi criado", a Igreja tem declarado com frequência a sua convicção de que eles são, em conformidade com as palavras do Concílio Vaticano II, "maravilhosas invenções técnicas" que já contribuem em grande medida para ir ao encontro das necessidades humanas e podem fazê-lo ainda mais. Citando a Carta Encíclica *Miranda prorsus* (1957), do Papa Pio XII, a Instrução Pastoral sobre os meios de comunicação social *Communio et progressio*, publicada em 1971, sublinhou que: "A Igreja encara estes meios de comunicação social como 'dons de Deus' na medida em que, segundo a intenção providencial, **criam laços de solidariedade entre os homens** (grifo nosso), pondo-se assim ao serviço da Sua vontade salvífica". Esse continua a ser o nosso ponto de vista e essa é a visão que temos acerca da internet.[25]

A Igreja Católica brasileira,[26] por exemplo, sempre esteve preocupada em manter sua posição hegemônica na sociedade brasileira.[27] No século XX, com o advento da mo-

---

[25] De acordo com o censo 2000 do IBGE, a distribuição percentual da população residente, por religião, no Brasil é: Católica Apostólica Romana, 73,6%; Evangélica, 15,4%; Espírita, 1,3%; Umbanda e Candomblé, 0,3%; outras religiosidades, 1,8%; sem religião, 7,4%. Disponível em: <www.ibge.gov.br>. Acesso em: 07 jan. 2010.

[26] A respeito da história da Igreja Católica no Brasil, cf. BEOZZO, José O. *A Igreja do Brasil*: de João XXIII a João Paulo II. Petrópolis. Vozes, 1994; MAINWARING, Scott. *A Igreja Católica e política no Brasil*. São Paulo, Brasiliense, 1989; BRUNEAU, Thomas C. *O catolicismo brasileiro em época de transição*. São Paulo, Loyola, 1974.

[27] PONTIFÍCIO CONSELHO PARA AS COMUNICAÇÕES SOCIAIS – IGREJA E INTERNET. Disponível em: <http://www.vatican.va>. Acesso em: 07 jan. 2010.

dernidade e o aparecimento dos meios eletrônicos de comunicação, foi progressivamente deixando a tarefa tradicional de evangelizar unicamente por meio de missas presenciais. Levar a Palavra de Deus ao alcance das massas consumidoras, sejam elas cristãs ou não, passou a ser o principal objetivo da Igreja. No início, a presença das igrejas nos meios eletrônicos de comunicação se dava pela veiculação de programas com pregações e missas no rádio e na TV.

No Brasil, as emissoras de rádio e TV são concessões públicas, ou seja, é uma autorização do Estado, que, em nome do povo brasileiro, concede a exploração dos serviços de radiodifusão, o que torna a outorga uma forte moeda de troca política.

Nunca antes esses grupos (católicos ou evangélicos) aglomeraram tanta influência nos meios de comunicação eletrônicos. E nunca trabalharam tão visivelmente para eleger diretamente deputados, senadores e governadores ou apoiar candidatos identificados com seus ideais e projetos. Esse movimento espelha a velha tática de associar o controle dos meios eletrônicos de comunicação ao poder político, mesmo que o discurso oficial afirme a pretensão de que "criam laços de solidariedade entre os homens, pondo-se, assim, a serviço da sua vontade salvífica".[28]

De acordo com o DIAP (Departamento Intersindical de Assessoria Parlamentar), foram identificados 30 deputados federais, eleitos ou reeleitos nas eleições de 2006, que teriam transação direta com as igrejas de confissão evangélica

---

[28] Disponível em: <http://www1.folha.uol.com.br/folha/brasil/ult96u85068.shtml>. Acesso em 20 mar. 2010.

(pastores ou bispos) ou que professam a religião abertamente. Outros quatro senadores evangélicos, eleitos em 2002, permanecem no Congresso até 2011. A bancada chegou a contar com cerca de 70 deputados gerados por essa relação entre igrejas e os meios de comunicação eletrônicos.[29]

A partir da década de 1990, o Brasil assiste a dois fenômenos imbricados: o crescimento das igrejas evangélicas[30] e o empenho destas em comprar espaços nos canais de TV ou tornarem-se proprietárias de emissoras de rádio e televisão, além de jornais e revistas.

Os evangélicos, assim como os católicos, têm por princípio religioso a divulgação de sua fé. Como consequência, existe, entre os católicos e os evangélicos, o desejo missionário do proselitismo que tem como característica basilar a simplificação da mensagem para conversão de muitos.

Nesse cenário, destaca-se a Igreja Universal do Reino de Deus (IURD), fundada em 1977 por Edir Macedo; a Igreja Internacional da Graça de Deus, fundada em 1980 por

---

[29] Conforme o censo 2000 do IBGE, os principais resultados, relativos à crença religiosa foram: a diminuição da porcentagem dos católicos, de 83,8% (1991) para 73,8% (2000); em números absolutos, os católicos aumentam de 121,8 milhões (1991) para 125 milhões (2000); o aumento da porcentagem dos evangélicos, de 9,05% (1991) para 15,45% (2000); em números absolutos, de cerca de 13 milhões para 26 milhões; o aumento dos que se declaram "sem religião", que passam de 4,8% da população (1991) para 7,3% (2000), ou de 7 milhões para 12,3 milhões. Disponível em: <www.ibge.gov.br>. Acesso em 7 jan. 2010.

[30] BERGER, Peter T.; LUCKMANN, Thomas. *A construção social da realidade*: tratados de Sociologia do Conhecimento. Petrópolis: Vozes, 1985, p. 70.

Romildo Ribeiro Soares (conhecido como Missionário RR Soares); e a Igreja Apostólica Renascer em Cristo, fundada em 1986, pelo casal Estevam Hernandes e Sônia Hernandes.

No Brasil, a IURD possui uma rede nacional de rádios em FM, a Rede Aleluia, com programação musical gospel e várias emissoras locais, em AM e FM, com programação apenas evangélica. Edir Macedo é proprietário da Central Record de Comunicação, empresa à qual pertencem a Rede Record e o canal televisivo jornalístico Record *News*. A Rede Record ocupa o segundo lugar no IBOPE em audiência no horário nobre, desde 2007. A emissora possui uma programação diversificada de caráter laico. Os programas e cultos religiosos da IURD estão restritos às madrugadas na grade de programação na faixa entre 1h e 6h15min.

Numa demonstração do seu poder econômico e político, a Igreja Universal do Reino de Deus (IURD) assumiu a Rede Record de Televisão em 1989, por 45 milhões de dólares. A TV, que disputa espaço na audiência com outras grandes emissoras do país, como a Rede Globo e o SBT, exibe diariamente, além dos telejornais, teledramaturgias e programas infantis, uma programação reservada à Igreja Universal do Reino de Deus que se inicia a partir das 23 horas e segue por toda a madrugada.

Assim como a IURD, a Igreja Renascer em Cristo é proprietária da Rede Gospel, um canal de televisão transmitido via satélite em sinal UHF e VHF. A programação é voltada para o público evangélico neopentecostal. A Rede Gospel está diretamente ligada à Rádio Gospel FM, também de propriedade da Igreja Renascer. Apoia eventos de fortes contornos midiáticos, como a Marcha para Jesus, o SOS da Vida, a Conferência Apostólica e outros grandes eventos. Transmite programas musicais seguindo a linha gospel e também pregações, principalmente do apóstolo Estevam e da Bispa Sônia Hernandes, a qual tem o programa de maior audiência da rede.

A Igreja Internacional da Graça de Deus atualmente possui um programa televisivo denominado *Show da Fé,* que é transmitido em horário nobre na Rede Bandeirantes e nas tardes e madrugadas da RedeTV.

O que se observa é que, conforme há um aumento na migração religiosa da comunidade católica para as comunidades evangélicas, ocorre concomitantemente uma ampliação na utilização dos meios eletrônicos de comunicação para fins religiosos por ambas as religiões. A instituição religiosa é uma instituição social e não escapa às regras que determinam o funcionamento de qualquer uma delas. A instituição estrutura-se por regras e por coerção. O poder coercitivo revela-se tanto na sustentação da sua ordem interna, quanto na peleja às instituições concorrentes, principalmente numa sociedade de economia capitalista, que, aliás, une tão definitivamente os meios de comunicação eletrônicos com os grupos religiosos.

Se por parte das igrejas há uma motivação de poder político e econômico, por parte dos fiéis tudo leva a crer que a motivação central é a busca do senso comunitário, ou seja, de uma comunidade possível. O fenômeno que se coloca é que os meios eletrônicos de comunicação servem de instrumento para conseguir novos adeptos, tornando-se a principal trincheira de combate. Há uma luta social simbólica na qual os meios eletrônicos de comunicação participam decisivamente, agindo como instâncias recodificadoras da realidade, conforme propôs Flusser (1967). Estamos aqui nos referindo a uma nova realidade construída a partir desse senso de religiosidade proposto.

No bojo da lógica religiosa em questão, isso pode ser constatado no empenho dos meios de comunicação eletrônicos em atribuir novos significados religiosos a domínios antes profanos. Exemplo dessa reinterpretação encontra-se na pesquisa de Carla Osório de Aguiar: *Imagens da intolerância na Mídia*,[31] que identificou as estratégias de comunicação utilizadas na apropriação e recontextualização dos elementos culturais das religiões afro-brasileiras pela IURD, por meio dos programas de televisão. Na apropriação do universo sagrado das religiões de matriz africana pela programação religiosa da IURD, exibida pela TV Record e afiliadas, ocorre, na configuração da linguagem desses programas, uma demonização dos elementos constituintes dessas religiões, gerando uma mensagem de intolerância religiosa.

Alberto Klein, em trabalho já referido, apresenta como esse processo de resignificação também é engendrado pela Igreja Renascer em Cristo por meio do culto que obedece a três códigos: o representacional, a espetacularização ambien-

---

[31] AGUIAR, Carla Maria Osório de. *Imagens da intolerância na mídia*: apropriação dos elementos da cultura negra pela IURD na configuração dos programas religiosos da TV Record. 2007. Dissertação (Mestrado em Comunicação) – Universidade Paulista, São Paulo, 2007.

tal e a utilização de uma mensagem teológica rigidamente dual. Esse caráter dual reforçado pela cosmovisão da IURD propõe a divisão do mundo em dois e a sujeição do fiel a essa dualidade, que se exprime nas imagens divinas e diabólicas propondo a constante cena de um drama, uma batalha, na qual a magia tem um lugar privilegiado e a mediação da Igreja também.

O crescimento significativo da estética do espetáculo no ramo neopentecostal impôs também à Igreja Católica o desafio de modelo de comunicação social. A Igreja Católica esteve presente nos meios eletrônicos de comunicação por meio de missas dominicais. Porém, a nova estética imposta pelas igrejas neopentecostais recrudesceu, ampliando a concorrência e gerando, no útero do catolicismo, um movimento na busca de caminhos de uma compleição católica nos meios eletrônicos de comunicação. Os meios eletrônicos de comunicação transformaram-se num campo fértil para a expansão das igrejas.

Esse movimento se confirma nos programas exibidos pela TV Canção Nova, da Renovação Carismática,[32] que, no Brasil, tem como condutores na televisão os padres Marcelo Rossi e Fábio de Melo.

---

[32] A Renovação Carismática Católica (RCC) é um movimento católico que surgiu nos Estados Unidos em meados da década de 1960. A RCC postula a experiência pessoal com Deus, particularmente por meio do Espírito Santo e dos seus dons. Esse movimento busca dar uma nova abordagem às formas de evangelização e renovar práticas tradicionais dos ritos e da mística católicos. O movimento carismático católico foi influenciado em seu nascimento pelos movimentos pentecostais de origem protestante e até hoje esses dois grupos se assemelham em vários aspectos.

Ao ser descoberto, padre Marcelo Rossi foi agendado pela indústria cultural, que o transformou em pop star. Suas façanhas têm merecido longos espaços em diversas revistas de circulação nacional e internacional. O apoio que recebeu de bispos e o arrojo com que a Diocese de Santo Amaro mergulhou neste fenômeno mereceram de Kater Filho (autor de *O marketing aplicado à Igreja Católica*, após curso de marketing na diocese, tendo entre seus alunos o próprio padre Marcelo), o seguinte comentário: A diocese de Santo Amaro parece uma empresa. É organizada e sabe vender seu produto: a salvação.[33]

Trata-se da estética do programa de auditório sendo transportada para o culto religioso. A linguagem religiosa muitas vezes assume a linguagem do espetáculo, para fazer aparecer o aspecto fantástico e capturar a atenção. Divulgam-se símbolos, pessoas e realidades religiosas de acordo com a expectativa do público. Na relação com o mercado, o espetáculo é acentuado. O *marketing* relaciona-se com a ciência do vender, e, para vender, o mercado procura seduzir e encantar os seus fiéis-usuários.

Somos motivados pela evidência marcante do lugar de relevo que as tecnologias de comunicação assumiram para as religiões no mundo atual. As religiões buscam seu lugar no panorama midiático. Atualmente, com objetivo de facilitar a divulgação e o conhecimento de mensagens e arrebanhar fiéis, as entidades religiosas passaram a disponibilizar, em *sites*

---

[33] DIAS, Arlindo Pereira. *Domingão do cristão*: estratégias de comunicação da Igreja Católica. São Paulo: Salesiana, 2006, p. 31-32.

na Internet, serviços interativos, informação, agenda, orações em formato MP3 e transmissão ao vivo de cerimônias religiosas. São cada vez mais frequentes missas, cultos, batismos, casamentos e até velórios[34] transmitidos pela Internet, comprovando que o a rede mundial de computadores tornou-se uma ferramenta comunicacional fundamental de existência e manutenção das atividades religiosas da sociedade atual.

O Papa João Paulo II, embora algumas vezes tenha se manifestado reticente acerca da modernidade e da tecnologia, ao visitar, em novembro de 1998, a Universidade Livre Luiz Guildo Carli em Roma, declarou: "o computador mudou um pouco o mundo e certamente mudou a minha vida".[35] O advento da modernidade e a consequente revolução da

---

[34] As imagens do velório virtual são transmitidas por meio de uma *webcam* atualizadas automaticamente no *browser*. Pode-se também enviar mensagens eletrônicas que serão entregues aos familiares presentes no velório. Até os pêsames são virtuais e podem ser dados em tempo real. Ao lado das imagens ao vivo da cerimônia, o amigo ausente tem um programa para encaminhar *e-mails*. As mensagens são impressas por funcionários do cemitério e entregues na hora aos familiares em luto. Em Santos, o cemitério Memorial Necrópole Ecumênica vai além. Os familiares podem fazer uma visita virtual à sepultura do ente querido. Na hora combinada, uma câmera é instalada na frente do jazigo. As imagens ficam em uma página à qual só tem acesso, por senha, quem contratou o serviço. Os familiares podem escolher quais flores querem ver na sepultura. O Memorial, que está no *Guinness Book*, o livro dos recordes, como o maior cemitério vertical do mundo, tem uma floricultura *on-line*. As flores são encomendadas pelo computador e pagas com boleto bancário. Disponível em: <http://urbam.com.br/portal/php/velorio_virtual.php>. Acesso em: 10 jan. 2010.

[35] LAGRÉE, Michel. *Religião e tecnologia*: a bênção de Prometeu. Bauru, SP: Edusc, 2002, p. 492.

telemática transformaram a posição das lideranças religiosas. No Natal de 1995, foi inaugurado o *site* do Vaticano (www. vatican.va), que está atualmente entre os mais frequentados do mundo.

O Vaticano[36] é o menor Estado, possui a menor dimensão geográfica do mundo (área de 0,44 km^2) e uma população estimada em 783 habitantes.[37] Quando o *site* entrou no ar em julho de 2007, nos três primeiros dias, o portal teve 13 milhões de acessos. Na *homepage,* o internauta pode conhecer os diversos setores que compõem o Estado, interagir por meio de conversas e reservar bilhetes no museu Vaticano. Por meio de *webcams* instaladas em pontos estratégicos, como a Cúpula da Basílica, podem-se ver ao vivo os movimentos do Estado. As visitas ao *site* não se limitam a internautas fiéis. Segundo a administração do patrimônio da Santa Sé, o *site* do Vaticano é atacado por 30 hackers ao dia e mais de 10 mil vírus ao mês. A maioria dos ataques tem origem nos Estados Unidos. Esses números sinalizam o interesse que esse espaço desperta.

---

[36] O Vaticano é uma cidade-estado e o menor Estado independente do mundo, localizado em Roma. É a sede da Igreja Católica ou Sé Apostólica. Do ponto de vista legal, a Santa Sé é distinta do Vaticano. O termo cidade do Vaticano é referente ao Estado, enquanto Santa Sé é referente ao governo da Igreja Católica efetuado pelo Papa e pela Cúria Romana. O Vaticano nasceu pelo Tratado de Latrão, assinado por Benito Mussolini e o Papa Pio XI, em 11 de fevereiro de 1929. O regime político é uma monarquia eletiva. O chefe de Estado (Papa) eleito por colégio de cardeais (denominado conclave) para um cargo vitalício detém no Estado do Vaticano os poderes legislativo, executivo e judiciário, desde a sua criação.

[37] Estimativa de 2005.

A *website* do Vaticano é uma experiência que comprova em que medida os meios terciários promovem a anulação do espaço:

> A grande mídia terciária do nosso tempo é a eletricidade, o mediador de todas as outras possibilidades de geração, transmissão e conservação de mensagens. Graças aos sistemas e redes elétricos puderam ser desenvolvidos todos os grandes sistemas contemporâneos de comunicação terciária. Estes sistemas se caracterizam pela relativização do espaço (até pela sua anulação), tornando irrelevante a dimensão do transporte físico de suportes ou portadores de mensagens.[38]

Na esteira dessa tendência, em 23 de janeiro de 2009, 43º Dia Mundial das Comunicações Sociais, foi lançado o canal do Vaticano no *YouTube* (www.youtube.com/user/vatican). Diariamente são colocados vídeos a respeito da atividade do Papa e acerca de eventos que acontecem no Vaticano, numa média de uma ou duas notícias por dia. Os conteúdos estão disponíveis em inglês, espanhol, alemão e italiano. A página de entrada do canal tem diversos *links*, para permitir navegar e acessar informação e documentação ampla acerca do Papa, do Vaticano e da Igreja Católica. Ao anunciar a nova ferramenta de comunicação, o diretor da sala de imprensa do Vaticano, Padre Federico Lombardi, definiu-a

---

[38] BAITELLO JÚNIOR, Norval. *A era da iconofagia*: ensaios de comunicação e cultura. São Paulo: Hackers, 2005, p. 84.

como: "uma evolução natural que responde à necessidade da presença da Igreja no mundo", dizendo ser esse canal "o início de um caminho de desenvolvimento e compromisso, tanto na oferta dos conteúdos como no seu aspecto técnico".[39]

Nota-se que o uso dos meios eletrônicos de comunicação tornou-se uma condição fundamental de existência e manutenção das atividades religiosas da sociedade moderna. Tais episódios expuseram as imbricações entre os meios de comunicação eletrônicos e a religião, conforme assinala Norval Baitello:[40]

> A eletricidade possibilita o nascimento da mídia terciária, que requer o aparato emissor e codificador da mensagem e outro aparato receptor e decodificador. Com a mídia terciária ampliam-se ainda mais as escalas espaciais e de impacto receptivo. O impacto é tão forte que as velhas formas de encantamento – os mitos, rituais e as crenças – migram para a mídia terciária, dando espaço para dois fenômenos gêmeos: a mídia religiosa e a religião midiática. O primeiro é a transformação da tecnologia em objeto de idolatria e culto, com a consequente perda da distância crítica.

A problemática da midiatização da religião, com seus desafiadores temas de debate, é assunto recente, motivo pelo qual os estudos encontrados ainda são, em sua maioria, acer-

---

[39] Disponível em: <http://noticias.cancaonova.com/noticia.php?id=272152>. Acesso em: 20 mar. 2010.
[40] BAITELLO JUNIOR, Norval. *Op. cit.*, p. 74.

ca da televisão e do rádio.[41] Esse território, já parcialmente mapeado sobre os fenômenos religiosos na mídia eletrônica, contribui para a reflexão sobre o fenômeno da ciber-religião. Daí a pertinência de considerarmos o que já foi estudado sobre essa relação.

A maioria das matérias que versam a respeito da mídia religiosa de modo geral, incluindo-se aí vários veículos de comunicação, como a mídia impressa e a mídia eletrônica (rádio e televisão), encontram-se inscritas no âmbito das Ciências Sociais ou das Ciências da Religião. No campo das Ciências da Comunicação só mais recentemente é que o acontecimento despertou veemência e atenção de pesquisadores.

A presença das religiões na indústria cultural recebeu longo tratamento expresso na literatura ensaística. Ralph Della Cava e Paula Monteiro em *E o verbo se faz imagem: Igreja Católica e os meios de comunicação no Brasil (1962-1989)*, publicado em 1991, destacam-se pelo pioneirismo no âmbito do campo de estudo que considera as interfaces entre mídia e religião. Considerando a importância dos meios eletrônicos de comunicação na produção da cultura moderna, os pesquisadores analisam a presença da Igreja Católica do Brasil nesse campo. A pesquisa revelou que a Igreja Católica foi incorporando a lógica inerente à organização dos meios

---

[41] O livro de Waldemar Luiz Kunsch: O *Verbo se faz palavra:* caminhos da comunicação eclesial Católica. São Paulo: Paulinas, 2001, aborda o conhecimento acumulado pela universidade brasileira sobre a comunicação eclesial católica. Oferece uma panorâmica dos trabalhos existentes sobre o pensamento comunicacional católico no contexto brasileiro até o ano de 2001.

de comunicação. O rádio, o jornal e o vídeo tornaram-se parte integrante do trabalho pastoral da Igreja. Além disso, a lógica da produtividade e do lucro passou a subordinar os empreendimentos católicos.

Nesse percurso, salienta-se o estudo de Hugo Assman,[42] o qual oferece subsídios para reflexão acerca de temas como Igreja eletrônica, religião comercial, *marketing* da fé, messianismo eletrônico, comercialização dos símbolos religiosos, programas religiosos veiculados pela televisão e pelo rádio na América Latina.

Mais recentemente, na pista que procura analisar a trajetória da Igreja Católica nos meios televisivos na década de 1990, encontra-se o trabalho de Arlindo Pereira Dias,[43] o qual situa a questão comunicacional católica partindo da comparação entre o programa *Louvemos o Senhor*, da Rede Vida de Televisão, e dois outros programas exibidos na tarde de domingo: o *Domingão do Faustão* (Globo) e *Domingo Legal* (SBT). A pesquisa reconstrói o percurso da Igreja Católica na busca de estratégias comunicacionais. A investigação evidencia a inserção da Igreja Católica no modelo das chamadas igrejas eletrônicas e é mais um estudo que ressalta o atual quadro de fusão entre mídia e religião.

Atendendo à pendência de compreensão analítica desse coevo fenômeno, encontra-se a pesquisa de Carlos

---

[42] ASSMANN, Hugo. *A igreja eletrônica e seu impacto na América Latina.* Petrópolis: Vozes; São Paulo: WACC, 1986.
[43] *Op. cit.*

Tadeu Siepierski.[44] Tendo como pano de fundo a visibilidade alcançada pelos evangélicos em década recente, tanto pelo seu extraordinário crescimento numérico, quanto pela sua surpreendente presença, no campo político, o trabalho apresenta dentro do campo neopentecostal, a especificidade da Igreja Renascer em Cristo. Siepierski observou que ao mesmo tempo em que ela apresenta um discurso voltado para jovens e empresários de classe média, com uma estética que combina em estilo inédito o sagrado com elementos da indústria do entretenimento e da comunicação de massa, constitui-se como um poderoso empreendimento gerenciado segundo uma racionalidade empresarial contemporânea. Sua capacidade de mobilização manifesta-se por meio de megaeventos, ampliam ainda mais sua visibilidade, estendendo sua influência além dos seus limites institucionais. É esse poder de mobilização que o campo político-partidário tenta apropriar, sem ter, contudo, o mesmo êxito que o empreendimento religioso, já que a capacidade de arregimentação que a Igreja demonstra possuir funda-se na promessa do sagrado e para ele retorna. O que está em jogo, mais do que o poder político, é o poder simbólico, ou seja, a capacidade do discurso religioso de encampar, na sua lógica, segmentos cada vez mais amplos da experiência de vida, em domínios considerados profanos, e conferir-lhes novos significados, frente às incertezas de um mundo em mutação.

---

[44] SIEPIERSKI, Carlos Tadeu. *O sagrado num mundo em transformação*. São Paulo: ABHR, 2003.

Para atrair "fiéis-clientes", muitos grupos religiosos passam a usar a lógica da economia de mercado. Nesse cenário, algumas tradições religiosas transformam-se em empresas prestadoras de serviços religiosos, agências de mercado, e sofrem até a pressão por resultados que provocam a racionalização das estruturas que visam minimizar gastos, tempo e dinheiro.

A inserção dessas igrejas, na lógica do mercado, implicou a mudança no estilo pelo qual essas igrejas interpretam as concepções de fé e a própria missão da Igreja. A religião como produto de consumo vendido com a utilização do *marketing* coincide com o surgimento da Teologia da Prosperidade. Nascida nas primeiras décadas do século XX nos Estados Unidos da América, sua doutrina afirma, a partir da interpretação de alguns textos bíblicos,[45] que os que são verdadeiramente fiéis a Deus devem desfrutar de uma excelente situação na área financeira e na saúde.

A Teologia da Prosperidade considera que Deus criou seus filhos para abençoá-los e dar-lhes sucesso em seus empreendimentos. Sendo Deus o criador de todas as coisas, cabe aos fiéis tomarem posse das coisas do mundo, pois que o mundo já é seu.

No Brasil, a primeira e principal Igreja seguidora dessa doutrina é a IURD, que adaptou as suas práticas às características brasileiras, além de possuir metodologias e princípios próprios. Em vez de ouvir num sermão que "é mais fácil um camelo atravessar um buraco de agulha do que um rico entrar no Reino dos Céus" (Mateus 19,24 e Marcos 10,25), agora a novidade reside na possibilidade de desfrutar de bens e riquezas, sem constrangimento e com a aquiescência de Deus.

---

[45] Gênesis 17,7, Marcos 11,23-24 e Lucas 11,9-10.

Para os pobres e desafortunados, de um modo geral, o direito de possuir as bênçãos como filho de Deus traz alívio e esperança na solução de todos os seus problemas. Por essa lógica, Jesus veio pregar aos pobres para que estes se tornassem ricos. Arrependimento e redenção, tema central no Cristianismo, e as dificuldades nesta vida são temas raramente tratados.

Siepierski considera que a ênfase da Teologia da Prosperidade é a doação financeira, entendida como um investimento e não como um ato de gratidão. A doação financeira para Deus torna-o um devedor, ficando Ele obrigado a restituir em maior medida aquilo que lhe foi dado. A Igreja mobiliza esse discurso e é o receptáculo das doações, mas a restituição, no entanto, é responsabilidade de Deus. O discurso da Teologia da Prosperidade, alinhado aos valores de mercado, enfatiza a posse de bens materiais. A pobreza é obra do maligno, e estar com Deus é livrar-se dela.

Além da IURD, a Teologia da Prosperidade é difundida também pelas Igrejas Renascer em Cristo, Comunidade Evangélica Sara Nossa Terra, Nova Vida, Bíblica da Paz, Cristo Salva, Cristo Vive, Verbo da Vida, Nacional do Senhor Jesus Cristo e pelas organizações Adhonep, Missão Shekinah e Internacional da Graça de Deus.

Embora a Teologia da Prosperidade seja, atualmente, hegemônica no cristianismo, não é a única. Na contramão dessa tendência e ocupando socialmente uma posição de menor prestígio, encontra-se a Teologia da Libertação, que se coloca numa perspectiva popular e libertária, cuja principal missão histórica é a construção do reino ao lado do povo sofredor e oprimido:

> A Igreja dos Pobres emergiu como novidade, exercendo a influência de sua força carismática, de baixo para cima e de dentro para fora [...]. Todo programa pastoral coloca-se no rumo do engajamento libertador, no qual são protagonistas e sujeitos criativos os empobrecidos da América Latina. A libertação é ação dos oprimidos, e é o fator fundamental para o desenvolvimento e para a transformação social. O pobre é vítima da opressão e sujeito de libertação, é classe que conquista sua cidadania e é categoria teológica.[46]

A Teologia da Libertação é uma corrente teológica que engloba diversas teologias cristãs desenvolvidas em países de economia periférica do capitalismo ou nas periferias pobres do primeiro mundo a partir dos anos 1970 do século XX. Fundamenta-se na opção preferencial pelos pobres contra a pobreza e pela sua libertação. A Teologia da Libertação utiliza como ponto de partida de sua reflexão a situação de pobreza e exclusão social à luz da fé cristã. Tal situação é interpretada como produto das estruturas socioeconômicas injustas. A pobreza é denunciada como pecado estrutural, e a teologia propõe o engajamento político dos cristãos na construção de uma sociedade mais justa e solidária. Uma característica da Teologia da Libertação é considerar o pobre, não um objeto de caridade, mas sujeito de sua própria libertação. Assim, seus teólogos propõem uma pastoral baseada nas Comunidades Eclesiais de Base (CEBs), nas quais os cristãos das classes populares reúnem-se para articular fé e vida, e juntos organizam-se em busca

---

[46] DOMEZI, Maria Cecília. *Do Corpo Cintilante ao Corpo Torturado*: Uma Igreja em operação periferia. São Paulo: Paulus, 1995, p. 24.

de melhorias de suas condições sociais, por meio da militância no movimento social ou por intermédio da política, tornando-se protagonistas do processo de libertação. Além disso, apresentam as CEBs como uma nova maneira de ser Igreja, com forte vivência comunitária, solidária e participativa.

Não faz parte do escopo deste trabalho aprofundar a reflexão acerca das diferentes atitudes sociais de viver a fé cristã. Tampouco ter a pretensão arrogante de dizer qual é a verdadeira fé. Esses assuntos não só implicariam desviar-se do foco da pesquisa, como também levariam a assumir uma postura incompatível com o espírito científico. Mas vale perguntar: Que aspectos levam à emergência dessa manifestação de religiosidade?

A resposta para esse problema encontra-se no interior da própria modernidade e sua lógica excludente regida por relações de mercado. O mercado é potencializador de desigualdades entre fortes e fracos. O forte é capaz de impor sua vontade, não cabendo ao fraco alternativa senão sujeitar-se ou sair do mercado. Assim sendo, o mercado é produtor de vítimas. Historicamente, os exemplos são as vítimas do imperialismo, das guerras, dos campos de extermínio, da miséria. A perspectiva que se abre é desumana e cruel. Na prática, em nome de valores que correspondem aos interesses de uma minoria, milhões são esmagados na indiferença e na frieza das estatísticas. Em síntese, a modernidade passa a atentar contra os direitos fundamentais dos povos, cujo valor supremo é viver com dignidade. Dignidade não apenas numa leitura de corte idealista, mas na dimensão concreta existencial: direitos de habitação, escola, saúde, emprego, segurança, liberdade e igualdade de oportunidades.

As religiões, em particular a cristã, transformadas pela dinâmica da modernidade, transferiram, progressivamente, seu olhar para os problemas sociais que afetam a humanidade. Esse processo culminou na aproximação de setores do clero no seio das comunidades populares e até no engajamento direto de luta por uma realidade menos opressora. A necessidade de envolvimento com as questões sociais mais profundas passou a fazer parte da agenda dos líderes religiosos até como estratégia de aproximação das massas, com o intuito de tornar a mensagem mais ressonante.

A partir dos anos 1980, com a redemocratização das sociedades latino-americanas, com a crise das esquerdas, com as transformações sociais e econômicas provocadas pela globalização e com o avanço do neoliberalismo, essa teologia perdeu parte de sua combatividade política e social.[47]

---

[47] Parte da literatura ensaística dedicada a esquadrinhar a Teologia da Libertação encontra-se disponível. Citem-se Vigil, J.M.; Barros, M.; Tomita, L. E. *Pluralismo e Libertação*. São Paulo: Loyola, 2005; Boff, L. e Boff, C. *Como fazer Teologia da Libertação*. 8. ed. Petrópolis: Vozes, 2005; Boff, L. *Jesus Cristo Libertador*. 18. ed. Petrópolis: Vozes, 2003; Dussel, E. *Ética da Libertação na idade de globalização e exclusão*. 2. ed. Petrópolis: Vozes, 2002. Dussel, E. *Teologia da Libertação – um panorama do seu desenvolvimento*. Petrópolis: Vozes, 1999. Dussel, E. e outros. *Por um mundo diferente – alternativas para o mercado global*. Petrópolis: Vozes, 2003; Gutiérrez, G. *Teologia da Libertação*. Perspectivas. São Paulo: Loyola, 2000; Libânio, J. B. *Teologia da Libertação*. Roteiro didático para um estudo. São Paulo: Loyola, 1987; Segundo, J. L. *A história perdida e recuperada de Jesus de Nazaré*. São Paulo: Paulus, 1997; Sobrino, J. *Espiritualidade da Libertação*. Estrutura e conteúdos. São Paulo: Loyola, 1992; Sobrino, J. *A fé em Jesus Cristo*: ensaio a partir das vítimas. Petrópolis: Vozes, 2001, 512 p. – Sobrino, J. *Jesus, o Libertador*. I – A História de Jesus de Nazaré. Petrópolis: Vozes, 1994, 392 p.

Valendo-se de metodologias e epistemologias inerentes à esfera de interesse comunicacional, os estudos dos fenômenos inscritos nos meios eletrônicos de comunicação que veiculam conteúdos religiosos lograram novos contornos interpretativos. Alberto Klein[48] responde, em sua pesquisa, à importante inquietação dos que se inclinan sobre esse mote complexo. Ele também analisa a Igreja Renascer em Cristo (IRC) e a forma espetacularizada de tratar o seu culto dominical. O autor esclarece a maneira como os conteúdos religiosos são radicalmente submetidos à estética do espetáculo para ocuparem a centralidade nos meios eletrônicos de comunicação contemporâneos. Apesar de o trabalho tratar exclusivamente da Igreja Renascer em Cristo (IRC), sabe-se que esse fenômeno se estende, em maior ou menor grau, a todas as religiões que ocupam esse espaço.

Klein dá continuidade a sua pesquisa em sua tese de doutorado, com tema relacionado: *Imagens de culto e imagens de mídia: interferências midiáticas no cenário religioso*. Na perspectiva da Teoria da Imagem e da Semiótica da Cultura, ele apresenta uma reflexão sobre a textolatria, demonstrando que o iconoclasmo na verdade nunca se realizou em algumas religiões, como pretendido, e que as imagens migram de suporte. Sua análise percuciente percorre o panorama do culto enquanto um texto da cultura aponta a natureza espetacular do culto e a valorização do corpo na condição de aparelho midiático.

---

[48] KLEIN, Alberto. *Imagens de culto e imagens da mídia*: interferências midiáticas no cenário religioso. Porto Alegre: Sulina, 2006.

No mesmo ramo teórico-epistemológico situa-se a pesquisa de Heinrich Araújo Fonteles,[49] a qual realiza uma proveitosa análise sobre as imagens religiosas na televisão brasileira, a partir de uma reflexão sobre o programa *Show da Fé*, da Igreja Internacional da Graça, veiculado pela Rede RIT TV – Rede Internacional de Televisão e Rede Bandeirantes de TV.

A dupla contaminação "mídia religiosa e religião midiática" promove a transformação da religião em mercadoria e dos fiéis em consumidores consumíveis, uma vez que na mesma medida em que consomem produtos sagrados também se convertem em mercadorias imagéticas consumíveis. Embora aparentemente ambíguos, o ser humano religioso e o consumista buscam a mesma realidade: o resgate do sentimento de pertença, a inclusão comunitária.

Em sintonia com a notória reflexão de Vilém Flusser acerca dos processos culturais antropofágicos,[50] Norval Bai-

---

[49] FONTELES, Heinrich Araújo. *Programa Show da Fé*: um retrato da construção midiática da mídia religiosa evangélica. 2007. 185 f. Dissertação (Mestrado em Comunicação) – Universidade Paulista, São Paulo, 2007.

[50] De acordo com Norval Baitello Jr. (2005), "O Movimento Antropofágico propunha, sob a metáfora da devoração, um procedimento radical de recepção crítica dos fluxos culturais, a contrapelo dos nacionalismos e igualmente a contrapelo dos colonialismos. A metáfora funda-se nos relatos históricos dos primeiros viajantes europeus no Brasil sobre os indígenas canibais, sobretudo no livro do alemão Hans Staden, *A verdadeira história dos selvagens, nus e ferozes devoradores de homens (1548-1555)*". Disponível em: <http://www.flusserstudies.net/pag/03/terceira-catastrofe-homem.pdf>. Acesso em: 23 fev. 2010.

tello Jr.[51] considera "todo fenômeno midiático como operação devoradora, ou seja, pensando a comunicação como processo de devoração do outro." Da mesma forma, observamos nesse fenômeno um processo de mútuo contágio: os formatos midiáticos são "devorados" pelas religiões e, concomitantemente, a mídia sacraliza-se: os cultos transformam-se em espetáculos, líderes religiosos convertem-se em celebridades, o *religare* adota a condição de produto; ao mesmo tempo, a mídia assume um estilo milagroso e passa a ser objeto de fé. Essa mútua devoração que denominamos de *midiofagia* será analisada no capítulo a seguir.

---

[51] BAITELLO JUNIOR, Norval. *A serpente, a maçã e o holograma*: esboços para uma teoria da mídia. Paulus: São Paulo, 2010, p. 42.

2. Midiofagia:
Usurpação do Poder Divino

> Só a Antropofagia nos une. Socialmente. Economicamente. Filosoficamente. Só me interessa o que não é meu. Lei do homem. Lei do antropófago.
>
> (Manifesto Antropofágico)

1. Antropofagia, iconofagia e midiofagia

A usurpação dos atributos divinos pela tecnologia mediática (midiofagia) se faz na sociedade contemporânea recuperando símbolos arcaicos e configurados à luz dos aspectos modernos.[1] Os meios de comunicação eletrônicos interativos (mais precisamente, os computadores e outras tecnologias capazes de rede) apropriam-se de conteúdos arcaicos presentes no imaginário de uma cultura, "devoram" os seus atributos, metabolizam e os devolvem para a cultura a partir

---

[1] Acerca dessa questão remetemos o leitor ao livro: *O mito na mídia*: a presença de conteúdos arcaicos nos meios de comunicação. São Paulo: Annablume, 2000, de autoria de Malena Segura Contrera.

dos seus interesses. Essa ação de "devoração" e metabolização parecem-nos ser própria da cultura.

As tramas da cultura, traçadas pelo seu recurso simbólico de construção de sentido, encontram-se em reciclagem permanente. Ou seja, na cultura nada é eliminado, e sim acumulado; o que significa que os conteúdos da codificação humana podem ser adaptados pelo tempo, mas jamais eliminados. E essa articulação de conteúdo apresenta suas raízes primitivas na estrutura básica do humano: a sua natureza gregária, que germina a partir de um "terreno específico onde se deve manifestar a mais pura e irrestrita criatividade humana:"[2] a cultura.

A expressão midiofagia é tributária do conceito de iconofagia designado por Norval Baitello Junior:[3]

Iconofagia significa a devoração das imagens ou pelas imagens: corpos devorando imagens, ou imagens que devoram corpos. Essa ambiguidade é interessante porque, na verdade, os dois processos ocorrem. A Era da Iconofagia significa que vivemos em um tempo em que nos alimentamos de imagens e as imagens se alimentam de nós, dos nossos corpos. Esse processo ocorre quando passamos a viver muito mais como uma imagem do que como um corpo. Vi-

---

[2] BAITELLO JUNIOR, Norval. *O animal que parou os relógios.* Annablume, São Paulo, 1997, p. 20.
[3] *Idem, op. cit.*, 2005, p. 13.

ramos escravos das imagens: temos de ter um corpo que seja uma imagem perfeita, temos de levar uma vida vivida em função da imagem, temos de ter uma carreira que seja uma imagem perfeita. Com isso, de repente notamos que o corpo como entidade original da vida passou a ser uma imagem e, portanto, a não ter mais vida própria.

A palavra iconofagia é inspirada na Antropofagia do modernista Oswald de Andrade e refere-se ao fenômeno típico da cultura no qual ocorre a apropriação (devoração) de elementos culturais. O fenômeno da iconofagia remete à nossa condição contemporânea apontada por Walter Benjamin[4] em seu notável artigo: *A obra de arte na era da reprodutibilidade técnica*.

Na esteira do pensador alemão, Baitello[5] afirma que a sociedade contemporânea inventou máquinas reprodutoras de imagens e o desdobramento da reprodutibilidade é a multiplicação exacerbada de imagens, inflacionando o "valor de exposição". "O advento das imagens repetidas e idênticas que se distribuem no espaço público [...] inaugura o trânsito das imagens em superexposição à luz."

Benjamin assumia uma posição otimista, pois imaginava que a reprodução das obras de arte (pelo livro, pelas artes gráficas, pela fotografia, pelo rádio, pelo fonógrafo e

---

[4] BENJAMIN, Walter. A obra de arte na era de sua reprodutibilidade técnica. In: *Obras escolhidas*, v. I. Magia e técnica, arte e política. São Paulo: Brasiliense, 1994.
[5] BAITELLO JUNIOR, Norval. *Op. cit.*, 2005, p. 13.

pelo cinema) permitiria à maioria das pessoas o acesso a criações que até então uns poucos podiam conhecer e fruir. Ele acreditava que houvesse não só a democratização da cultura e das artes, mas, sobretudo, que estas pudessem colocar-se na perspectiva da crítica revolucionária. Na contramão da visão de Benjamin, Baitello[6] assevera que:

> A era da reprodutibilidade técnica, contudo, muito mais abriu as portas para uma escalada das imagens visuais que começam a competir pelo espaço e pela atenção (vale dizer, pelo tempo de vida) das pessoas. E o excessivo, o descontrole, muito mais conduziu a um maior esvaziamento deste valor de exposição e até mesmo poder estar levando ao seu oposto, um crescente zero de comunicabilidade (incomunicação, sinalizando que houve um desvio de rota uma recidiva, no prognóstico positivo da reprodutibilidade técnica na sociedade contemporânea. [...] Ao invés de democratizar o acesso à informação e ao conhecimento, tal reprodutibilidade fez muito mais esvaziar o potencial revelador e esclarecedor das imagens por meio delas próprias e de seu uso indiscriminado e exacerbado.

A iconofagia é um fenômeno potencializado pela indústria cultural e surge na emergência da sociedade do espetáculo. As imagens se devoram umas às outras, devorando-nos a nós mesmos, veículos, produtores e consumidores

---

[6] *Ibidem*, p. 14.

dessa profusão infinita de formas, cores, movimentos e ruídos. A era da iconofagia começa a se delinear quando "ao consumir imagens, já não as consumimos por sua função janela (KAMPER), mas pela sua função biombo (FLUSSER)".[7] Ao devorar imagens anteriores, toda imagem se presta a ser devorada pelas imagens futuras, impedindo-nos de alcançar-lhes um fundamento, um alicerce sustentável de significação.

No caso específico abordado por este capítulo, denominamos de midiofagia a ação dos meios eletrônicos interativos (mais precisamente, os computadores e outras tecnologias capazes de rede) e seus formatos de apropriar-se (devorar) de conteúdos arcaicos da cultura, em particular os atributos divinos, e identificar-se com eles.

Em termos de etimologia, religião é o que liga especificadamente o homem a Deus e os homens entre si, como afirmamos anteriormente. Ela engaja o homem de três maneiras: primeiramente, explicando a natureza e o significado do universo, ou justificando os caminhos de Deus para o homem; em segundo lugar, elucidando a função e o propósito do homem no universo, ou ensinando-lhe como libertar-se de suas limitações e terrores; em terceiro lugar, servindo como uma ligação entre os homens.

Para Émile Durkheim,[8] é fundamental para a realidade social da religião a distinção entre o sagrado e o profano. O profano é a dimensão humana constituída por tudo que podemos saber por meio dos sentidos. Trata-se da vida

---

[7] *Ibidem.*
[8] *Op. cit.*, 1989.

natural, cotidiana. Em contraste, o sagrado abrange tudo que existe além do mundo empírico. Como tal, o sagrado inspira sentimentos de respeito. A religião é organizada principalmente em torno dos elementos sagrados da vida humana e cria condições para uma tentativa coletiva de construir uma ponte entre o sagrado e o profano (*religare*).

Max Weber,[9] em seus estudos a propósito da sociologia da religião, considerava que, ao problema humano do sentido e significação existencial, as religiões tradicionais, de maneira eficaz, ofereciam uma resposta final. Já as novas atitudes de religião, centradas na ética, tornam-se, pelo desenho institucional que assumem, um fator causal na determinação da ação social. Para ele, as concepções religiosas sempre foram cruciais e estiveram na gênese das sociedades humanas, pois o homem, como tal, sempre esteve à procura de sentido e de significado para a sua existência, não simplesmente como questão de ajustamento emocional, mas de segurança cognitiva ao enfrentar problemas de sofrimento e morte.

2. Morte e *religare*

> E talvez seja esta a marca de todas as religiões: o esforço para pensar a realidade toda a partir da exigência de que a vida faça sentido.
>
> (Rubem Alves)

---

[9] WEBER, Max. *Op. cit.*, 1999.

A partir do momento em que a morte é percebida como fator irreversível e inevitável da vida, inicia-se o processo de reconhecimento da vulnerabilidade humana diante da presença de um tempo futuro, das imposições naturais e da transformação de um estado em outro. Encarada como impura e ameaçadora, a mortalidade relaciona-se ao medo primitivo do homem, e, por isso, a sepultura indica o primeiro sinal de consciência primária, fazendo da "morte grande propulsora da humanidade".[10]

A consciência angustiante da morte promove a invenção da cultura. A cultura é uma invenção que consegue transformar o horror da morte na força motriz da vida e que por meio do despropósito da morte constrói a expressividade da vida, como sugere o sociólogo francês Edgard Morin:[11]

> A consciência surge a partir da pré-história do *sapiens*, como testemunha daquilo a que quisemos chamar precisamente a consciência da morte [...]. Existe uma ansiedade animal ligada à vigilância, e que desperta ao mínimo sinal de perigo. Ao que parece, a vigilância é menor no homem do que nos primatas (Gastaut), e a ansiedade propriamente humana está menos ligada ao perigo imediato do que à emergência da consciência.

---

[10] CONTRERA, Malena Segura. *Mídia e pânico*: saturação da informação, violência e crise cultural na mídia. São Paulo: Annablume; Fapesp, 2002, p. 118.

[11] MORIN, Edgar. *O homem e a morte*. Lisboa: Europa-América, 1988. p. 135.

Pelo artifício da complexidade humana, a estrutura psíquica do homem intercala a função das imagens e os códigos de comunicação à consciência da mortalidade e ao medo primitivo da morte. No caminho à totalidade, a participação mística, desenvolvida a partir da magia do mito e do ritual de dimensão coletiva, foi criada pelo homem como forma de digerir sua angústia, impotência e ansiedade diante dos mistérios da existência. Essa conscientização de perda de unidade da psique (consciente/inconsciente) envolve uma questão social e cultural que fundamenta toda a história da humanidade, conforme sugere Baitello:[12]

> A percepção humana tende a polarizar os fatos da natureza, culturalizando-os. Assim, dois momentos distintos de uma sequência de eventos bioquímicos são classificados pelos mecanismos semióticos da cultura como polos opostos, nascimento e morte. A própria cultura elabora mecanismos de superação para essas dualidades, criando mitos, rituais mágicos e similares.

O mito, a linguagem da experiência humana diante do mistério da vida, pode ser apenas expresso pelo uso dos símbolos. Os símbolos, por sua vez, representam as vias de comunicação que se estabelecem por meio de configurações que lhe proporcionam sentido. No caso das religiões primitivas, os símbolos englobam o universo das representações da

---

[12] BAITELLO JUNIOR, Norval. *Op. cit.*, 1997, p. 72.

tribo, refletindo as inter-relações homem/natureza, humano/ sobrenatural, de acordo com a capacidade de entendimento coletivo.

> A vida de um organismo pluricelular caminha sempre para a morte. O fato de que a morte é mais forte que a vida constitui uma assimetria. Apenas com a criação da 2ª realidade (da vida simbólica), é que existe uma forma de vida qualquer após a morte.[13]

A mídia surge na passagem para o século XX com a função de mediadora entre o acontecimento puro e a população. Com o progresso tecnológico, assume também a responsabilidade de agente vinculador da sociedade. Porém, diante desse contexto em foco, nasce a indagação e o questionamento: "que papel [a mídia] está fazendo que não liga ninguém a coisa alguma?"[14]

> A escrita impressa, a palavra impressa mecanicamente em papel [...] vai possibilitar o desenvolvimento de formar escritas rápidas como os jornais e as revistas. A escrita consegue aquilo que o homem em sua existência física jamais logrou: sagrar-se vencedor perante a morte. E aquilo que na natureza não é possível é passível de criação artificial pelo mecanismo semiótico da cultura.[15]

---

[13] BYSTRINA, Ivan. *Tópicos da semiótica da cultura*. São Paulo: Centro Interdisciplinar de Semiótica da Cultura e da Mídia, PUC-SP, 1995. Disponível em: <http://cisc.org.br/html/>.
[14] CONTRERA, Malena Segura. *Op. cit.*, 2002, p. 114.
[15] BAITELLO JUNIOR, Norval. *Op. cit.*, 1997, p. 69.

A rejeição humana da mortalidade exige um constante exercício de esquecimento. Na modernidade, outra forma de vida é montada sob a materialidade dessa condição. A mídia, palco estrutural de construção da realidade social, traz uma proposta de superação: uma nova noção de tempo. A eternização é uma estratégia de fuga da mortalidade, que se torna possível graças à sua escolha pelo espaço virtual. A troca do mundo físico (concreto) pela virtualidade (fantasia) inverte a codificação do real, que passa a ser construído sob as bases subjetivas da segunda realidade[16] do humano.

O homem contemporâneo recorre à comunicação virtual, inaugurando um tempo virtual infinito que foge às leis da mortalidade, satisfazendo seu instinto/ pulsão de poder e de controle do egoico. Na carne, morremos; na imagem somos, instantaneamente, ilusoriamente eternos. Virtualizar o corpo foi uma forma simbólica encontrada por nosso tempo para apaziguar o medo da morte. Só

---

[16] A eficácia simbólica das forças criativas do macrosistema comunicativo faz da cultura fator de autoconsciência, responsável pela atuação do homem no mundo humano; e essa segurança de sobrevivência em um território material, sob circunstâncias físico-biológicas, foi chamada por Ivan Bystrina de primeira realidade. O conceito de segunda realidade é usado para designar as criações imagéticas da cultura humana operadas por códigos simbólicos. Bystrina considera que as raízes da cultura estão diagnosticadas em quatro momentos específicos: no sonho, no jogo, nas variantes psicopatológicas e nos estados alterados da consciência. Conforme BYSTRINA, Ivan. *Tópicos da semiótica da cultura*. São Paulo: Centro Interdisciplinar de Semiótica da Cultura e da Mídia, PUC-SP, 1995. Disponível em <http://cisc.org.br/html/>.

que, ao abrirmos mão da morte, abrimos também mão da vida, já que elas são indissociáveis.[17]

A mídia contemporânea trabalha para a constituição de um imaginário cultural e na criação de uma organização social, e representa o espaço concreto para a expressão das ações e transações que formam o social. Com a perda do território físico do ritual primitivo, que ajudava a digerir a ansiedade humana, a modernidade redireciona para a mídia a sua função apaziguadora como território de legitimação das bases simbólicas. Afinal, "os instrumentos não nos advêm da penumbra misteriosa, não são venturosos. Pelo contrário, estão aqui, diante da nossa mão para servir-nos",[18] driblando o vazio existencial e a negação da mortalidade humana. Acerca disso, reflete Baitello:[19]

> "Breve é a vida", o homem, o ser biólogo, que inevitavelmente é levado um dia pela morte, o mais implacável componente do percurso vital; "longa é a arte", aquela que, criada pelo mortal, tem a finalidade de vencer a morte, de sobreviver aos tempos e, com isso, imortalizar o seu criador. E o consegue.

Morrer é o fim inexorável para todos. Se a vida é como um filme cujo final conhecemos antes mesmo de iniciada a sessão, então a história é que vale a pena. O sentido da morte é atribuir sentido à vida.

---

[17] CONTRERA, Malena Segura. *Op. cit.*, 2002, p. 54.
[18] FLUSSER, Vilém. *Op. cit.*, 1967, p. 92.
[19] BAITELLO JUNIOR, Norval. *Op. cit.*, 1997, p. 20.

3. Atributos divinos

> Pensar em Deus é desobedecer a Deus, porque
> Deus quis que o não conhecêssemos. Por isso se nos
> não mostrou...
>
> (Fernando Pessoa)

Procuram-se na religião signos de transcendência e de esperança como resposta aos problemas básicos da condição humana: contingência, impotência, escassez e morte. As religiões monoteístas – o Judaísmo, o Cristianismo e o Islamismo – apostaram na existência de um único Deus para dar conta dessas e outras questões.[20]

Falamos do monoteísmo cristão e dos atributos divinos. Para a teologia cristã, um atributo divino é uma qualidade ou característica atribuída a Deus. Dada a condição especial de Deus, em que seus atributos coincidem com o seu ser, é comum serem os atributos chamados de perfeições divinas. Costuma-se classificar os atributos divinos em dois grupos: atributos incomunicáveis e atributos comunicáveis.

Atributos incomunicáveis são aqueles que enfatizam a distinção absoluta entre Deus e a criatura (não podem ser comunicados à criatura). Geralmente, fala-se deles por via

---

[20] Sobre a história do monoteísmo, cf.: ARMSTRONG, Karen. *Uma história de Deus*: quatro milênios de busca do Judaísmo, Cristianismo e Islamismo. São Paulo: Companhia das Letras, 1994.

negativa, afirmando aquilo que Deus não é. Tal descrição é conhecida como teologia apofática.[21]

Atributos comunicáveis são aqueles em que são encontradas semelhanças ou analogias na criatura, especialmente no ser humano (esses atributos podem ser comunicados à criatura). Entre eles destacam-se o conhecimento, a bondade, o amor, a santidade, a justiça, a verdade, a soberania e a vontade.

À nossa pesquisa interessam os atributos incomunicáveis por se tratar de atributos que transcendem o humano e assumem uma identidade superior a ele, atributos que vemos hoje serem usurpados pelas tecnologias comunicacionais como demonstrarão a seguir. Entre os atributos incomunicáveis destacam-se:

---

[21] A teologia apofática (do grego *[apofatikos]* – negativo), chamada teologia negativa, baseia-se na premissa de que só podemos falar corretamente de Deus negando, dizendo que Ele não é, por exemplo, como nós, que não é limitado por qualquer coisa, que não se submete às categorias humanas de pensamento etc., ao passo que as tentativas de conceituações positivas sempre terminam no insucesso e na inverdade (além da afirmação de que Deus é, embora também nesse caso é preciso apressar-se com a restrição de que "é" de outra forma que nós e tudo que nos cerca). A teologia apofática enfatiza que Deus é maior que as nossas palavras e os nossos pensamentos, sempre maior e sempre diferente. Só não cometemos um erro quando afirmamos que Deus não é tudo aquilo que conhecemos. O tipo do pensamento teológico apofático expressa uma profunda falta de confiança na especulação e no conhecimento pela analogia. Cf. ARCHER, Jr.; GLEASON, L.; HARRIS, R. Laird; WALTKE, Bruce K. (Org.) *Dicionário Internacional de Teologia do Antigo Testamento*. São Paulo: Vida Nova, 2000.

a) a *asseidade*,[22] o atributo divino essencial e fundamental, que consiste em derivar sua existência de si mesmo, ou, identicamente, existir por si próprio, sem qualquer nexo exigível ou necessário de causalidade e efetividade, e vem a ser na compreensão teológica, prerrogativa exclusiva de Deus, em razão do que é um dos atributos incomunicáveis;

b) a *imutabilidade,* que é a qualidade de não ser capaz de se alterar; a infinitude relacionada à eternidade e à imensidão;

c) a *eternidade* como um conceito filosófico que se refere no sentido comum ao tempo infinito, ou ainda algo que não pode ser medido pelo tempo, porquanto transcende o tempo. Se entendermos o tempo como duração com alterações, sucessão de momentos, a eternidade é uma duração sem alterações ou sucessões;

d) a *imensidão* (infinitude aplicada ao espaço);

e) a *simplicidade,* que designa o atributo segundo o qual Deus não é constituído de partes, ou seja, o ser de Deus é idêntico aos seus atributos.

Os atributos divinos incomunicáveis mais conhecidos e identificados aos formatos comunicacionais em rede são:

---

[22] O termo "asseidade" deriva do latim [*aseitas*], forma abstrata do *ens a se*. A asseidade é o fato de existir por si mesmo, de ter o esse por si próprio, e só pode, portanto, aplicar-se a Deus, pois nenhuma criatura se produz a si mesmo.

a) a *onipotência*:[23] designa a propriedade de um ser capaz de *fazer tudo*. É comum a utilização desse termo para designar o poder de Deus, nas religiões judaica, cristã e muçulmana;

b) a *onipresença*:[24] compreende a capacidade de estar em todos os lugares ao mesmo tempo. Em teologia, a onipresença é um atributo divino segundo o qual Deus está presente em todos os pontos da criação. Somando a simplicidade divina, pode-se dizer que Deus está totalmente presente em cada ponto do universo;

---

[23] Também denominada de Potência Divina. "Na Bíblia hebraica, Deus tem por nomes *Sabaoth* (Deus dos exércitos, I Sm 17,47) ou *El-Shaddai* (habitante das montanhas, Gn 17,1), traduzidos nos LXX por *pantokrator* (Todo-poderoso). Assim, a força divina se apresenta como uma potência livre que domina (*kratein*) o todo (*to pan*), associando a iniciativa da salvação". In: LACOSTE, Jean-Yves. *Dicionário Crítico de Teologia*. São Paulo: Paulinas e Loyola, 2004. p. 1.414.
Escritos bíblicos que informam acerca da onipotência de Deus: Jó 42,2; Salmo 91,1; Isaías 43,13; Lucas 1,37; Mateus 19,26; Lucas 8,27.
[24] A Teologia atribuiu múltiplas presenças de Deus: presença ("habitação") na alma dos justos, presença em Cristo, presença de Cristo na Eucaristia a na Igreja. Sob o termo "onipresença" é a *ubiquidade* divina que se dá a pensar: a presença do Criador, como causa primeira, em toda sua criação. Os pensadores muçulmanos fizeram do Onipresente (*al-wasi*) o 46° nome de Deus. In: LACOSTE, Jean-Yves. *Dicionário Crítico de Teologia*. São Paulo: Paulinas e Loyola, 2004. p. 1279. Escritos bíblicos que informam acerca da onipresença de Deus: Dt 4,39; I Reis 8,27; Salmo 139,7-12; Provérbios 15,3; Jeremias 23,23-24; Atos 17,27-28.

c) a *onisciência*:[25] é a designação de uma capacidade de *poder saber tudo*, em todos os lugares, ao mesmo tempo, e infinitamente. Na maioria das religiões monoteístas essa habilidade extraordinária é tipicamente atribuída a um único Deus supremo, como se mantém tradicionalmente no sistema religioso judaico, cristão e islâmico.

Como veremos a seguir, esses atributos divinos (onipotência, onisciência e onipresença) são absorvidos, devorados pela mídia, e reaparecem metabolizados. Para tanto vamos examinar as características da civilização cibercultural e perceber como alguns traços marcantes dessa civilização estão associados aos atributos divinos.

4. Dromocracia: o atributo da onipotência

Viver na pós-modernidade é como patinar num lago congelado. É preciso sempre acelerar, caso contrário, ocorre a queda. Ao mesmo tempo, está presente a

---

[25] Também denominado de Ciência Divina, trata-se de um atributo divino afirmativo, isto é, uma operação de Deus que qualifica sua vida intelectiva. A onisciência é o saber divino que se aplica a tudo, e talvez além (indefinidamente), isto é, além do que podemos constituir como objeto de pensamento: tudo o que é, tudo o que não é, mas está por vir, o possível, até mesmo o impossível, o próprio Deus. In: *Dicionário Crítico de Teologia*. Jean-Yves Lacoste. São Paulo: Paulinas e Loyola, 2004. p. 1.279. Escritos bíblicos que informam acerca da onisciência de Deus: 1Samuel 16,7; 1Reis 8,39; 2Crônicas 16,9; Salmo 139 (Na Bíblia de Jerusalém está como homenagem ao Deus onisciente); Atos 1,24; Hebreus 4,13.

todo o momento a sensação de que o chão vai rachar sob nossos pés.[26]

A lógica da cibercultura traduz-se pela dromocracia. O conceito de dromocracia, assim como o de dromologia, devem ser creditados ao conjunto da obra de Paul Virilio desde *Velocidade e política* (1996), seu terceiro ensaio. Ao escrever seu segundo texto, *L'insécirité du territoire*, Virilio tentou responder a uma questão: "Onde estamos quando viajamos? Qual é esse 'país da velocidade' que nunca se confunde exatamente com o meio atravessado?" *Velocidade e política* foi o primeiro trabalho a escavar a questão da velocidade. Virilio vai considerar a velocidade como valor a partir do advento da revolução técnica e de sua conexão com a revolução política. Nesse sentido, se a lógica da riqueza se expressa numa economia política, a lógica da corrida se explicitaria numa concepção teórica capaz de articular velocidade e política. É essa articulação que Virilio tenta construir.

"Dromos" é um prefixo grego que designa a ação de correr, mas pode ser identificado também com velocidade, rapidez, agilidade. Desse modo, dromologia é a lógica da corrida, da velocidade, e dromocracia, o respectivo regime. Em outros termos, dromologia é o modo de perscrutar a sociedade pelo prisma da velocidade.

---

[26] BAUMAN, Zygmunt. *Op. cit.*

A velocidade transformou-se no valor estratégico para a reprodução do capitalismo.[27] É perceptível que a lógica da velocidade se enquadra no bojo da modernidade líquida imbricada nos interesses do grande capital. É visível, no cotidiano da cibercultura, a velocidade convertida em mercadoria.

Não por acaso, a empresa que detém parcial monopólio do serviço de banda larga via cabo no estado de São Paulo chama esse serviço de *Speedy*. O serviço é oferecido por meio de planos em que o critério é a variação da velocidade. Quanto maior a velocidade maior o custo. Nessa oferta, está presumido que quanto maior for a velocidade de navegação maior é também a integração do "cliente" na esfera do *cyberspace*, desconsiderando os aspectos comunicacionais dessa integração.

---

[27] Na modernidade, a reprodução das estruturas sociais e das dinâmicas políticas e econômicas pretendidas pelo grande capital suscita valores como mudança e velocidade. Esses valores já estavam presentes na modernidade sólida, na gênese da sociedade industrial: a burguesia só pôde existir com a condição de revolucionar incessantemente os instrumentos de produção, por conseguinte, as relações de produção e, com isso, todas as relações sociais. A conservação inalterada do antigo modo de produção constituía, pelo contrário, a primeira condição de existência de todas as classes industriais anteriores. Essa subversão contínua da produção, esse abalo constante de todo o sistema social, essa agitação permanente e essa falta de segurança distinguem a época burguesa de todas as precedentes. Dissolvem-se todas as relações sociais antigas e cristalizadas, com seu cortejo de concepções e de ideias secularmente veneradas, as relações que as substituem tornam-se antiquadas antes mesmo de ossificar-se. Tudo o que era estável e sólido desmancha-se no ar, tudo o que era sagrado é profanado; e os homens são obrigados, finalmente, a encarar com serenidade suas condições de existência e suas relações recíprocas (MARX, Karl; ENGELS, Friedrich. *Manifesto do partido comunista* – 1848. Porto Alegre: L&PM, 2007.

As mudanças vertiginosas no capitalismo global imprimiram um caráter impressionante na relação dos seres humanos com o tempo. A vida cotidiana sofre os efeitos da "aceleração do tempo", como muito bem percebe um historiador que assistiu às mudanças que se processaram na passagem do século XX para o século XXI:

> Não podemos falar sobre o futuro político do mundo, a menos que tenhamos em mente que estamos vivendo um período em que a história, ou seja, o processo de mudanças na vida e na sociedade humana e o impacto que os homens impõem ao meio ambiente global estão se acelerando a um ritmo estonteante. Neste momento, ela está evoluindo a uma velocidade que põe em risco o futuro da raça humana e do meio ambiente natural. [...] As transformações tecnológicas e produtivas são óbvias. Basta pensar na velocidade da revolução das comunicações, que virtualmente aboliu o tempo e a distância. Em 2004, a internet mal completou dez anos. [...][28]

Paul Virilio, em seus estudos a respeito da dromologia, fala da comunicação dos centros demográficos contemporâneos, que tem seu cotidiano fortemente pautado pelos meios eletrônicos interativos (mais precisamente, os computadores e outras tecnologias capazes de rede), achatando tudo e todos na mesma experiência de fusão instantânea. Em entrevista,

---

[28] HOBSBAWM, E . *Globalização, Democracia e Terrorismo*. São Paulo: Cia. das Letras, 2007, p. 36-37.

na qual Virilio fala também a respeito da facilitação técnica das comunicações e da aceleração do tempo nas sociedades contemporâneas, ele afirma:

> Com a Revolução Industrial e com a revolução dos transportes, as cidades tornaram-se caixas de velocidade. As residências não alojam apenas homens, objetos, produtos, pessoas, mas proximidade social, interferências, dimensões energéticas. Com as novas técnicas de transmissão – do rádio à Internet – só se aumentou a velocidade de contato. Uns contra os outros no imediatismo da comunicação telefônica ou virtual, como se estivéssemos num submarino, onde os homens se odeiam, pois estão muito próximos, quase não há separação entre eles, inexiste o espaço para a sociabilidade. Os animais, num zoológico, não se reproduzem, pois lhes falta a grande dimensão do espaço natural, as distâncias entre os sexos, as espécies, os seres, próprias do habitat animal, assim como o do humano.[29]

Na obra de Virilio, as questões referentes à velocidade têm sempre ligações intrínsecas com a guerra e, portanto, com a violência. Virilio aponta a velocidade como o novo indicador de poder, em lugar da riqueza, agora subordinada ao *dromos*. Quem é capaz de maior velocidade é o mais poderoso. Aos lentos, resta a violência da exclusão. Segundo

---

[29] Disponível em: <http://p.php.uol.com.br/tropico/html/textos/170,3.shl>. Acesso em: 02 jun. 2008.

Trivinho:[30] "de todas as formas de violência atualmente existentes, talvez a mais silenciosa e invisível, e por isso a mais implacável, seja a violência da velocidade".

Devido ao patamar central que os meios eletrônicos interativos (mais precisamente, os computadores e outras tecnologias capazes de rede) alcançaram no mundo contemporâneo, não é estranho que Virilio dedique grande parte da sua obra a eles. Virilio trata os meios de transporte e os de comunicação num mesmo plano: ambos são veículos. Virilio chama os primeiros meios de transporte de "veículos metabólicos" corpos vivos vocacionados à velocidade (humanos e animais), seguidos dos veículos técnicos (canoa, jangada, caravela, bicicleta, balão de ar quente etc.) e tecnológicos (automatizados: automóvel, avião, helicóptero, navio, submarino etc.). Os midiáticos (de massa ou interativos) são aglutinados na expressão "último veículo", pois operam na intransponível velocidade da luz.

Já há algum tempo, especialmente a partir do último quarto do século XX, o cenário mundial tem sido configurado, sobretudo, pelas tecnologias digitais. Todos os âmbitos da experiência humana, direta ou indiretamente, estão condicionados pela interatividade proporcionada pelas mídias em formato de rede. Trivinho[31] afirma que "[...] a cibercultura, de par com a dromocracia que a articula por todos os poros, instituiu, portan-

---

[30] TRIVINHO, Eugênio. *A dromocracia cibercultural*: lógica da vida humana na civilização mediática avançada. São Paulo: Paulus, 2007, p. 89.
[31] *Idem. O mal-estar da teoria*: a condição da crítica na sociedade tecnológica atual. Rio de Janeiro: Quartet, 2001, p. 223.

to, um novo agenciamento social-histórico do ser em sua integridade [...]". Esse processo, coercitivo em sua natureza, denota que os indivíduos precisam e devem, sem tanto poder de escolha, subordinar incondicionalmente sua existência e suas experiências aos padrões da cibercultura, isto é, ao mercado informático, na sua megaburocracia. Em outras palavras, quem pretende não ser excluído da esfera social no presente momento histórico tem de buscar, na medida do possível, a dromoaptidão própria da cibercultura, ou seja, a capacidade de lidar com o ritmo e as exigências específicas da dromocracia cultural.

Essa (dromo) aptidão peculiar caracteriza-se pelo domínio do que Trivinho chama de "senhas infotécnicas de acesso à cibercultura", a saber:

> "Tu deves seguir o ritmo: ser dromoapto, em sentido múltiplo, em todas as práticas recomendadas, em todas as operações exigidas, em todos os conhecimentos demandados; tu deves, se possível, antecipar-se ao funcionamento do sistema tecnológico e da (respectiva) cultura mediática que financiam a tua identidade" – tudo mediante suspeita zero. Tal é o *telos* da violência da velocidade; é para realizá-lo que ela, não por acaso, constrange, compele, arrasta os viventes – de modo *soft*, via sedução pela eficiência prática demonstrada quando se faz o que ela quer, vale frisar, quando se é dromoapto. A velocidade é o suave estupro do ser pela técnica alçada a fator apolítico aparentemente inofensivo.[32]

---

[32] *Idem, op. cit.*, 2007, p. 89.

Na cibercultura, essas senhas correspondem à atualização mais fiel do aforismo dromocrático: "a velocidade é o próprio poder".[33] Dessa maneira, quem passa a indicar a cadência a ser seguida são os que detêm essas senhas, os considerados dromoaptos ciberculturais – mais plenos quanto possível. Na extremidade oposta à nova elite *high tech,* encontram-se os dromoinaptos, que, restando aviltados, tentam de todas as maneiras ganhar sobrevida em meio à condição integralmente desfavorável – e, pior, sem perspectivas animadoras – engendrada pelo processo totalizante e irreversível de informatização da vida sociocultural.

Abrigando a ideia de Virilio de que a velocidade é o próprio poder, pode-se dizer que a cibercultura e sua lógica dromocrática é um exemplo que demonstra de que maneira a comunicação em rede se apresenta como onipotente. Ocorre um típico fenômeno que denominamos midiofagia, ou seja, os meios eletrônicos interativos devoram atributos divinos e os transformam em seus. A Internet e sua feição dromocrática se fazem por meio de incorporação da onipotência do poder dromocrático.

Malena Contrera retoma o paradigma de Edgard Morin[34] para quem: "a cultura recicla conteúdos arcaicos, reapresentando-os e inserindo-os em novos contextos".[35] Isso

---

[33] VIRILIO, Paul. *Cibermundo*: a política do pior. Lisboa: Teorema, 2000, p. 16.
[34] MORIN, Edgar. *Introdução do pensamento complexo*. Porto Alegre: Sulina, 2007.
[35] CONTRERA, Malena Segura. *A dessacralização do mundo e a sacrali-*

significa que a cultura tem uma história e é acumulativa. Os conteúdos arcaicos são reformulados e sobrevivem.

A comunicação em rede se apresenta como portadora de uma identidade divina onipotente e onisciente que é o caso da glocalização, de que passaremos a tratar a seguir.

5. Glocal: o atributo da onipresença e onisciência

A eternidade não é um tempo vindouro. Não é sequer um tempo de longa duração. Eternidade não tem nada a ver com tempo. Eternidade é aquela dimensão do aqui e agora que todo pensar em termos temporais elimina. Se você não a atingir aqui, não vai atingi-la em parte alguma. Mas experimentar a eternidade aqui mesmo e agora, em todas as coisas, não importa se encaradas como boas ou más, esta é a função da vida.[36]

Para compreender melhor a comunicação de massa é preciso levar em consideração a influência, sobretudo econômica, dos grupos religiosos. Da mesma configuração, não existe abordagem da religião sem privilegiar essa relação com a comunicação.

---

zação da mídia: consumo imaginário televisual, mecanismos projetivos e a busca da experiência comum. In: BAITELLO JUNIOR, Norval et al. (Org.). Os símbolos vivem mais que os homens: ensaios de comunicação cultura e mídia. São Paulo: Annablume, 2006, p. 107-120.

[36] CAMPBELL, Joseph. O poder do mito. São Paulo: Palas Athena, 1990, p. 81.

Para Mircea Eliade[37] a experiência religiosa pressupõe uma vivência no tempo e no espaço. Para o homem religioso, o espaço e o tempo não são homogêneos nem contínuos. O que funda a experiência religiosa é manifestação da hierofania no espaço-tempo, o que configura a clivagem do espaço-tempo sagrado e profano. "A manifestação do sagrado funda ontologicamente o mundo". Assim, participar de uma experiência religiosa implica a saída da configuração espacial e temporal ordinárias e a reintegração no espaço e no tempo sagrado. O homem religioso experimenta duas experiências da dimensão espaço-tempo. A dimensão profana e a dimensão sagrada. É na dualidade espaço profano-sagrado, tempo sagrado-profano que se configura a existência religiosa do homem para quem o *religare* orienta o caminho da transcendência inscrito no tecido da cultura.

Para um crente, uma igreja faz parte de um espaço diferente da rua onde ele se encontra. A porta que se abre para o interior da igreja significa, de fato, uma solução de continuidade. O limiar que separa os dois espaços indica ao mesmo tempo a distância entre os dois modos de ser, profano e sagrado. O limiar é ao mesmo tempo o limite, a baliza, a fronteira que distingue e opõe dois mundos – e o lugar paradoxal onde esses dois mundos se comunicam, onde se pode efetuar a passagem do mundo profano para o mundo sagrado.

Muitos autores defendem a tese de que a desterritorialização é a marca da chamada sociedade moderna, dominada pela mobilidade, pelos fluxos, pelo desenraizamento e pelo

---

[37] *Op. cit.*, 1992.

hibridismo cultural. Devemos tomar cuidado para não sobrevalorizar essa "sociedade em rede" (nos termos de Manuel Castells),[38] fluida e desterritorializada, na medida em que ela aparece sempre conjugada com a reconstrução de territórios, ainda que territórios mais móveis e descontínuos.

Para Eugênio Trivinho,[39] na pós-modernidade, a civilização cibercultural, configuração material simbólica e imaginária da era pós-industrial avançada, forjou uma experiência antropológica denominada glocal – nem exclusivamente global, nem inteiramente local, misto de ambos sem se reduzir a tais. O fenômeno do glocal foi percebido em relação ao *cyberspace*[40] e nasce na vigência da cibercultura, na conversação *on-line* com alteridades virtuais, na exploração de dispositivos automatizados na *web*, na promiscuidade corporal entre ser humano e máquina, entre outros:

> Ao que tudo indica, o termo "glocal" foi evocado pela primeira vez, criticamente, em ciências humanas, por Paul Virilio (1995). Trata-se de um neologismo formado pela primeira sílaba do termo "global" e pela sílaba desinencial do termo "local". Tal fusão no nível do significante tem, obviamente, profundas consequências no nível semântico. Glocal não prevê o isolamento da

---

[38] CASTELLS, Manuel. *A sociedade em rede*: a era da informação – economia, sociedade e cultura. São Paulo: Paz e Terra, 1999.

[39] *Op. cit.*, 2007.

[40] Optamos pelo uso da versão original em inglês em vez de seu correlato em língua portuguesa. A escolha é tributária ao pensamento crítico da cibercultura desenhado por Eugênio Trivinho.

dimensão do global em relação à dimensão do local, e vice-versa; não pressupõe, portanto, nem globalização ou globalismo, nem localização ou localismo, desatados. A aglutinação significante e a mescla de sentidos que marcam o glocal fazem dele invenção tecnológica de imbricação de processos contrastantes, sem que, no entanto, se desfigure a sua condição de terceira natureza, de terceira via, não redutível nem a um nem a outro processo implicado.[41]

A civilização glocal reconfigura o espaço e o tempo. A civilização glocal é aquela em que o tempo local, ou seja, o fuso horário de todas as partes do mundo está subordinada ao tempo real. Isso implica dizer que o fenômeno glocal responde a uma radical reprogramação dos vetores do espaço e do tempo real. O espaço local se subordina também à geografia em rede do planeta.

A dimensão econômica e social da nova configuração do capital é inseparável de uma transformação na experiência do espaço e do tempo designada como *compressão espaço-temporal*. A fragmentação e a globalização da produção econômica engendram dois fenômenos contrários e simultâneos. De um lado, a fragmentação e a dispersão espacial e temporal. De outro, sob efeito das tecnologias eletrônicas e de informação, a compressão do espaço – tudo se passa "aqui" sem distâncias, diferenças nem fronteiras – e a compressão do tempo – tudo se passa "agora" – sem passado e sem futuro.

---

[41] TRIVINHO, Eugênio. *Op. cit.,* p. 242.

A condição glocal é marcada pela dispersão do espaço e do tempo que condiciona sua reunificação num espaço indiferenciado, plano e pleno de imagens fugazes, e num tempo efêmero desprovido de profundidade pretérita ou futura.

A sociedade reconfigurada pelo glocal promove uma mudança no sentido do espaço. O espaço anteriormente tomado como uma dimensão material é agora transformado por meio da produção de uma arena tecnológica em dupla via: o espaço imediato da condição glocal, contexto da vivência concreta, e a sociespacialização tecnoimagética do aparelho de base (numa palavra, a tela).[42]

O espaço glocal contribui também para a intensificação da visibilidade mediática como nova modalidade do real. Para Trivinho, o isolamento perante a tela verificado no glocal interativo é compensado pela sensação imaginária de gregarismo produzido pelo contexto de conexão.

Na mesma vertente, Paul Virilio[43] fala em *acronia* e *atopia*, ou a desaparição das unidades sensíveis do tempo e do espaço vivido sob os efeitos da revolução eletrônica e informática. A profundidade do tempo e seu poder desaparecem sob o poder do instantâneo. A profundidade de campo, que define o espaço de percepção, desaparece sob o poder de uma localidade sem lugar e das tecnologias de sobrevoo. Vivemos sob o signo da telepresença e da teleobservação, que impossibilitam diferenciar entre aparência e o sentido, o virtual e o

---

[42] *Ibidem*, p. 285.
[43] VIRILIO, Paul. *O espaço crítico*: e as perspectivas do tempo real. São Paulo: Ed. 34, 2005.

real, pois tudo nos é imediatamente dado sob o contorno da transparência temporal e espacial das aparências apresentadas como evidências. Volátil e efêmera, hoje nossa experiência desconhece qualquer sentido de continuidade ou de ruptura e se esgota em um presente sentido como instante fugaz. Ao perdermos a diferenciação temporal, não só rumamos para o que Virilio chama de "memória imediata", ou ausência de profundidade do passado, mas também perdemos a profundidade do futuro como possibilidade inscrita na ação humana enquanto poder para determinar o indeterminado e ultrapassar situações dadas, compreendendo e transformando o sentido delas.

Onipresente é aquele ou aquilo que está em todos os lugares em todos os tempos. É também o *não lugar*. A experiência religiosa tradicional pressupõe uma vivência no tempo e no espaço.

Da mesma maneira como ocorre com a onipotência, os meios eletrônicos interativos (mais precisamente, os computadores e outras tecnologias capazes de rede) manifestam uma identidade onipresente do não lugar. Precisamente, esse tipo de vivência espaço-temporal é eliminada no *cyberspace*. Pessoas buscam na *web* desfrutar do seu momento de fé em qualquer lugar onde estejam manipulando um computador, livres das dificuldades e também das vantagens de estarem num templo ou de conseguirem isolar-se num cômodo silencioso de sua casa.

Entretanto, é possível experimentar o sagrado no *cyberspace*, com a compressão espaço-tempo? Se a resposta a essa pergunta for negativa, cabe indagar: o que é sacralizado senão os próprios meios de comunicação eletrônicos interativos (mais precisamente, os computadores e outras tecnologias capazes de rede)?

Os meios eletrônicos de comunicação também se apresentam como portadores da onisciência: aquele que tudo sabe. Recentemente encontramos postado em um blog a seguinte mensagem:

> Google é a coisa provada cientificamente mais próxima da onisciência, ao indexar 9,5 bilhões de documentos on-line; Google é onipresente, você consegue acessar de qualquer lugar; Google responde às suas dúvidas; Google é imortal. Não é orgânico, seu algoritmo pode sobreviver por séculos, apenas mudando de servidores; Google é infinito. Pode crescer infinitamente, apenas ligando mais computadores a ele; Google lembra-se de tudo e de todos. Suas opiniões expressadas na Internet pode vir parar dentro do Google e serem lembradas para sempre; Google é benevolente. Faz parte da filosofia da empresa fazer dinheiro sem praticar atos danosos; O nome "Google" é mais procurado pela humanidade que os termos "Deus", "Jesus", "Buda", "Alah", "Cristianismo", "Islamismo", "Judaísmo" juntos. São abundantes as evidências de que Google existe.[44]

Como vimos, os textos da cultura se reciclam e se transformam na medida em que são apropriados pelos formatos midiáticos. No caso específico, os atributos divinos aqui con-

---

[44] Disponível em: <http://www.blog.ljunior.com/o-google-e-Deus>. Acesso em: 20 fev. 2009.

siderados (onipotência, onipresença e onisciência) são apropriados e transformados em atributos da mídia. A mídia e seus formatos tornam-se os novos deuses da humanidade.

6. Tecnologia como religião

> MOYERS: Máquinas nos ajudam a perceber a ideia de que queremos um mundo feito à nossa imagem, queremos que ele seja o que pensamos que devia ser.
>
> CAMPBELL: Sim. Mas então chega um momento em que a máquina começa a ditar ordens a você. Por exemplo, eu comprei uma dessas máquinas maravilhosas – um computador. Ora, como lido predominantemente com deuses, foi por aí que identifiquei a máquina: ela me parece um deus do Velho Testamento, com uma porção de regras e nenhuma clemência.[45]

Na mesma medida em que as religiões assimilam estratégias midiáticas em busca da manutenção de seu *status quo*, meios de comunicação eletrônicos interativos, também abarcam valores religiosos apresentando a tecnologia como religião, conforme considera Eugênio Trivinho:

> Desde os apontamentos de Heidegger acerca da técnica como metafísica realizada no século XX, constata-se, na fase atual da sociedade tecnológica, em função

---

[45] CAMPBELL, Joseph. *Op. cit.*, 1992, p. 33.

da dependência da máquina, uma intensificação da característica da tecnologia como religião. O processo de reversão apontado por Feuerbach, pressuposto em todo impulso de transformação de algo em religião, também se aprofundou. Em relação ao presente, ele pode ser resumido em três momentos, a grandes traços: a partir do hipostasiamento materializador das habilidades técnicas humanas em forma de objetos tecnológicos num momento inicial, projetam-se, na sequência, os atributos e as aspirações propriamente humanos para o ente criado, ao ponto, num terceiro momento – obliterada a razão crítica capaz de abranger todo o processo –, de haver o culto sub-reptício da máquina e a consequente subordinação do ente humano a ela. Esse processo de reversão é notável tanto em relação aos sistemas automatizados de produção, quanto aos eletrodomésticos, automóveis e, principalmente, computadores, que, tomados como "segundo eu" em algumas áreas, condicionam a formação de um público cativo que não o larga nem mesmo nas horas das refeições. Vê-se, não só a ciência e a técnica são uma nova religião, a máquina também a enseja. O objeto tecnológico, de extensão do ente humano, passou a ser vetor de processos, ocupando, por isso, o centro da cena, enquanto o ente humano, em mais uma de suas frustrações antropológicas, acabou por figurar na história como um de seus anexos. Se o processo ocidental de racionalização, operado pelo desenvolvimento das técnicas no capitalismo, havia promovido o desencantamento iluminista do mundo, os objetos tecnológicos, e mais ainda os informáticos em tamanho míni, reencantam-no. Novos fetiches vigoram como coisas dignas de consideração mítica cotidiana e articulam uma devoção em geral verbalmente silenciosa, mas emocionalmente intensa. Diante delas, a consciência comum acostumou-se a se deslumbrar e sorrir. Recebe-as pelo crivo do imaginário, da obsessão pelo uso imediato e do desejo de conforto e distinção social.[46]

Pensar a comunicação humana é entrar no mundo da cultura. É no terreno das raízes da cultura como construção do pensamento humano que podemos encontrar as marcas ancestrais presentes nos meios de comunicação eletrônicos interativos. Isso nos ajuda a entender como, para além dos aspectos relativos à formação de comunidades e do sentido de pertença, a cibercultura é um ambiente ideal para a busca do *religare* perdido. Esse aspecto não pode ser desconsiderado quando tratamos da questão da migração da busca da experiência religiosa para o espaço dos meios de comunicação eletrônicos interativos, em especial, da cibercultura.

Como vimos, as tecnologias comunicacionais devoram e são devoradas por atributos divinos. Acontece a apropriação do sagrado pela mídia e a apropriação da mídia pelo sagrado. No *cyberspace*, o sagrado é a própria mídia.

Malena Contrera[47] considera que o processo de dessacralização do mundo desembocou na sacralização da mídia. Esse fenômeno promove uma dupla contaminação entre religião e mídia, isto é, os formatos midiáticos se apropriam de

---

[46] TRIVINHO, Eugênio. *Op. cit*, p. 83-84.
[47] CONTRERA, Malena. *Op. cit.*, 2006.

elementos do ritual religioso submetendo-os a uma estética própria. A religião se mediatiza e simultaneamente os meios eletrônicos de comunicação são sacralizados.

A expressão que os meios de comunicação eletrônicos (rádio, televisão, computador) ocuparam o lugar dos altares nos lares contemporâneos talvez seja uma boa imagem para explicar nossas suposições. Trata-se de um mecanismo que ocorre no âmbito sociocultural de transferência. A busca da experiência da transcendência e do divino se desloca para as novas formas de consumo dos produtos veiculados pela *web*, especialmente os religiosos.

Não se pode imaginar a comunicação contemporânea sem a presença da técnica. A técnica é o novo Deus sob o qual a humanidade se curva e busca suas referências e suas identidades. A técnica submete os seres humanos a um novo arranjo civilizatório em que sem ela não há salvação. A técnica é deificada e tida como portadora de um elemento mágico cuja força irrompe como vetor civilizatório.

Essa divinação dos meios de comunicação eletrônicos interativos (mais precisamente, os computadores e outras tecnologias capazes de rede), promove o surgimento da ciber-religião, fenômeno que passaremos a abordar no capítulo 3.

3. Ciber-Religião: o Sacrifício do Corpo e do Espaço

No sentido mais amplo do progresso do pensamento, o esclarecimento tem perseguido sempre o objetivo de livrar os homens do medo e de investi-los na posição de senhores. Mas a terra totalmente esclarecida resplandece sob o signo de uma calamidade triunfal...[1]

1. Cibercultura: monopólio e incomunicação

A temática central deste capítulo é a ciber-religião. A ciber-religião está inscrita no contexto da cibercultura. A cibercultura[2] é o nome dado ao ambiente contemporâneo das redes mediáticas e que é correlata à fase atual do capitalismo

---

[1] ADORNO, Theodor W.; HORKHEIMER, Max. *Op. cit.*, p. 19.

[2] Uma exposição excelente acerca da trajetória da reflexão sobre o caráter e o sentido da cibercultura feita ao longo do pensamento ocidental encontra-se em: RUDIGER, Francisco. *Introdução às teorias da cibercultura.* Porto Alegre: Sulina, 2003.

tardio. Cibercultura é também um sinônimo para a sociedade da informação avançada. A expressão "cibercultura" está relacionada com computadores, *hardwares* e *softwares*, redes telemáticas, internet e tecnologias digitais. A cibercultura não diz respeito apenas ao que é realizado em ambientes digitais; é uma configuração sociotécnica culturalmente ampla, que abarca parte da vida social. Esse painel acontece na envergadura da pós-modernidade.[3]

Mesmo os que rejeitam o termo pós-moderno não deixam de convir que há algo novo na modernidade, tanto assim que sentem a necessidade de adjetivá-la. Ora ela é tida como "modernidade radical", como em Giddens;[4] ora como "modernidade líquida", como em Bauman:

---

[3] Essa mudança não ocorre apenas na base da estrutura material da sociedade. Lyotard publica, em 1979, a obra considerada pioneira, *A condição pós-moderna,* na qual desconstrói os pilares da ciência moderna e as suas narrativas e indica a ciência pós-moderna como jogo de linguagem, no qual a instabilidade, o paradoxo e o dissenso prevalecem sobre as certezas. Para Jean Lyotard, a pós-modernidade liga-se ao surgimento de uma sociedade pós-industrial na qual o conhecimento tornara-se a principal força econômica. A sociedade pós-moderna é concebida como uma rede de comunicações. A ciência transformou-se num jogo de linguagem e não pode mais reivindicar o privilégio sobre outras formas de conhecimento. Para ele, a pós-modernidade configura "a incredulidade em relação aos metarrelatos" (LYOTARD, 2004, p. xvi). O traço definidor da condição pós-moderna, ao contrário, é a perda da credibilidade das meta-narrativas, ou seja, dos grandes discursos teleológicos e das utopias (ANDERSON, 1999, p. 33).

[4] GIDDENS, Anthony. *As consequências da modernidade.* 2ª reimpressão. São Paulo: UNESP, 1991.

Uma das razões pelas quais passei a falar em "modernidade líquida" e não em "pós-modernidade" (meus trabalhos mais recentes evitam esse termo) é que fiquei cansado de tentar esclarecer uma confusão semântica que não distingue sociologia pós-moderna de sociologia da pós-modernidade, "pós-modernismo" de "pós-modernidade". No meu vocabulário, "pós-modernidade" significa uma sociedade (ou, se se prefere, um tipo de condição humana), enquanto "pós-modernismo" refere-se a uma visão de mundo que pode surgir, mas não necessariamente, da condição pós-moderna. Procurei sempre enfatizar que, do mesmo modo que ser um ornitólogo não significa ser um pássaro, ser um sociólogo da pós-modernidade não significa ser um pós-modernista, o que definitivamente não sou.[5]

É nesse sentido que pós-modernidade é, para Bauman, modernidade sem ilusões. Diferentemente do que ocorre na sociedade moderna, chamada por Bauman de "modernidade sólida", que tinha uma perspectiva de longa duração, na modernidade líquida tudo é desmontado sem a menor perspectiva de permanência.

Tudo é temporário, fluido, descartável, incapaz de manter-se fixo. A obsolescência é programada. As instituições, estilos de vida, crenças e convicções mudam antes que tenham tempo de solidificar. A vida é programada para permanecer em fluxo, volátil, desregulada, flexível. "Viver na

---

[5] Entrevista publicada na *Folha de S. Paulo*, 19 out. 2003, caderno Mais!

pós-modernidade é como patinar num lago congelado. É preciso sempre acelerar, caso contrário, ocorre a queda. Ao mesmo tempo, está presente a todo o momento a sensação de que o chão vai rachar sob nossos pés":[6]

> "Líquido-moderna" é uma sociedade em que as condições sob as quais agem seus membros mudam num tempo mais curto do que aquele necessário para a consolidação, em hábitos e rotinas, das formas de agir. A liquidez da vida e a da sociedade se alimentam e se revigoram mutuamente. A vida líquida, assim como a sociedade líquido-moderna, não pode manter a forma ou permanecer em seu curso por muito tempo. Numa sociedade líquido-moderna, as realizações individuais não podem solidificar-se em posses permanentes porque, em um piscar de olhos, os ativos se transformam em passivos, e as capacidades em incapacidades. As condições de ação e as estratégias de reação envelhecem rapidamente e se tornam obsoletas antes de os atores terem uma chance de aprendê-las efetivamente.[7]

A lógica da "modernidade líquida" nos faz envelhecer mais rapidamente do que o tempo de nossa construção. A "vida líquida" nos torna obsoletos, pois carregamos na fronte a marca da descartabilidade, o sinal de um "destino precário" de que nossa destruição depende do calor da demanda e do moto perpétuo da produção e da circulação. Velocida-

---

[6] BAUMAN, Zygmunt. *Op. cit.*, 2007, p. 15-16.
[7] *Ibidem*, p. 7.

de e mobilidade modificam as relações pessoais. A cultura também está sob o signo da transitoriedade. Copiando o *fast food*, surge o *instant sex*: adolescentes e jovens "transam" em encontros casuais, com uma multiplicidade de parceiros. A instabilidade penetra nas relações de trabalho. A descartabilidade da mão de obra debilita o vínculo laborativo. Heróis nascem, têm vida efêmera e são sepultados para sempre. Como sentenciou Marshall Berman: "Ser moderno é encontrar-se em um ambiente que promete aventura, poder, alegria, crescimento, autotransformação e transformação das coisas em redor, mas ao mesmo tempo ameaça destruir tudo o que temos, tudo o que sabemos, tudo o que somos".[8]

O pensamento pós-moderno instaura uma nova modalidade de racionalidade e cultura, que é a expressão de um conjunto de transformações socioeconômicas, produzindo uma mudança qualitativa nas instituições da sociedade moderna. Assim, o pensamento pós-moderno significa, simultaneamente, uma crítica e uma ruptura com a modernidade, com implicações que atingem desde a vida cotidiana até a produção do conhecimento social.

Outro aspecto a enquadrar num retrato da cultura contemporânea é que não basta penas consumir. Como ressalta Bauman,[9] é preciso também ser "consumível", transformando a própria aparência em *commodity* capaz de ser oferecida tanto para relacionamentos quanto para o mercado de trabalho. Um

---

[8] BERMAN, Marshall. *Tudo que é sólido desmancha no ar*: a aventura da modernidade. São Paulo: Cia. das Letras, 1991, p. 37.

[9] BAUMAN, Zygmunt. *Vida para o consumo*: a transformação das pessoas em mercadoria. Rio de Janeiro: J. Zahar, 2008.

dos sinais dessa transformação da aparência em *commodity* está no *boom* dos *sites* de relacionamento, em que o produto que se coloca no mercado é o próprio indivíduo.

> Na sociedade de consumidores, ninguém pode se tornar sujeito sem primeiro virar mercadoria, e ninguém pode manter segura sua subjetividade sem reanimar, ressuscitar e recarregar de maneira perpétua as capacidades esperadas e exigidas de uma mercadoria vendável. A "subjetividade" do "sujeito", e a maior parte daquilo que essa subjetividade possibilita ao sujeito atingir, concentra-se num esforço sem fim para ela própria se tornar, e permanecer, uma mercadoria vendável.[10]

Para ingressar de maneira competitiva no mercado, é preciso sair da invisibilidade, destacando-se da massa. Não é de estranhar que o sonho alimentado por muitos é o de conquistar fama a todo custo, como se isso fosse o verdadeiro sentido da vida e a única chance de conquistar a felicidade. Ser famoso significa simplesmente aparecer em milhares de revistas, milhões de telas, ser notado e comentado. Isso é crucial para ser finalmente desejado, cobiçado, como pretendem todas as mercadorias: "numa sociedade de consumidores, tornar-se uma mercadoria desejável e desejada é a matéria de que são feitos os sonhos e os contos de fada".[11] Num tempo altamente estetizado, ser invisível é equivalente à morte.

---

[10] *Ibidem*, p. 20.
[11] *Ibidem*, p. 22.

Nesse cenário, emerge a *"religião a la carte"* em que a questão religiosa passa a ser opcional, de acordo com a preferência do indivíduo, uma vez que assistimos ao desaparecimento das verdades de fé e ao crescimento da emergência da subjetividade para normatizar a experiência religiosa, que passa a ser privatizada oferecendo ao fiel-consumidor no mercado religioso bens como: cura de doenças, realização no amor, sucesso dos negócios, cotidiano sem angústias, superação de problemas e o sentido da vida. Trata-se da "religião do consumo", conforme a reflexão de Frei Betto:

> Essa apropriação religiosa do mercado é evidente nos shopping centers, tão bem criticados por José Saramago em *A Caverna*. Quase todos possuem linhas arquitetônicas de catedrais estilizadas. São os templos do deus mercado. Neles não se entra com qualquer traje, e sim com roupa de missa de domingo. Percorrem-se os seus claustros marmorizados ao som do gregoriano pós-moderno, aquela musiquinha de esperar dentista. Ali dentro tudo evoca o paraíso: não há mendigos nem pivetes, pobreza ou miséria. Com olhar devoto, o consumidor contempla as capelas que ostentam, em ricos nichos, os veneráveis objetos de consumo, acolitados por belas sacerdotisas. Quem pode pagar à vista, sente-se no céu; quem recorre ao cheque especial ou ao crediário, no purgatório; quem não dispõe de recurso, no inferno. Na saída, entretanto, todos se irmanam na mesa "eucarística" do McDonald's.[12]

---

[12] BETTO, Frei. Disponível em: <http://www.cienciaefe.org.br/jornal/arquivo/betto/relig.htm>. Acesso em: 20 mar. 2010.

Desse modo, apropriando-se do desejo humano de comunidade, as religiões sobrevivem ocupando o espaço privilegiado do acontecimento social, ou seja, o espaço midiático, operando uma aparente reinvenção da secularização.

Sair da invisibilidade, conquistar a fama a todo custo são princípios que explicam, em parte, o fenômeno da espetacularização e estetização do culto religioso em que o rito sagrado é transformado em *show*, atingindo as massas e convertendo fiéis em sujeitos e objetos de teleparticipação, padres e pastores em *pop stars*.

A pós-modernidade líquida e a cibercultura estão incluídas. Há diferentes visões acerca da cibercultura. Para o filósofo francês Pierre Levy,[13] a internet traz benefícios inexoráveis para a espécie humana na medida em que o formato descentralizado da rede possibilita às pessoas conectadas construir e partilhar a inteligência coletiva sem submeter-se a qualquer tipo de restrição político-ideológica.

A concepção de Levy é tributária a Norbert Wiener, matemático, militante anti-nuclear e anarquista norte-americano. Wiener já propugnava nos anos 1940 com a ideia de cibernética[14] uma civilização que se pusesse para além da ideologia da barbárie (como era o marxismo para o comunismo, o liberalismo para o capitalismo, o nazismo para o

---

[13] LEVY, Pierre. *Cibercultura*. São Paulo: Ed. 34, 1999.

[14] O prefixo *"ciber"* designa controle, governo. No lastro da criação de Wienner (a cibernética), surgiu mais recentemente uma grande variedade de palavras com o mesmo prefixo, entre as quais, "cibercultura".

terceiro *reich*). A comunicação era uma ideologia que poderia cumprir com rigor a ideia de uma sociedade livre, pois uma sociedade livre era a sociedade da informação livre (1968).

Na esteira da utopia cibernética, Levy encara a Internet como um agente democrático (porque democratiza a informação) e humanitário (porque permite a valorização das competências individuais e a defesa dos interesses das minorias). Levy aposta no potencial educacional e desinstitucionalizador da Internet. Para ele, o cidadão conectado à rede tem condições de interferir diretamente no controle das decisões públicas sem mediadores, algo que pode ajudar a descentralizar, democratizar e aperfeiçoar a esfera pública.

Para Levy,[15] a cibercultura ensejará o aparecimento de uma nova ecologia cognitiva, a difusão de uma inteligência coletiva e a expansão da cidadania por meio do exercício da tecnodemocracia. Levy conjetura a vocação democrática da Internet, cujas transformações econômicas, políticas e sociais provocadas pela emergência do ciberespaço permitiram a formação da *ágora virtual*.[16]

Há uma tensão teórica acerca dessa visão redentora da cibercultura alargada pelo arquiteto francês Paul Virilio,[17]

---

[15] *Op. cit.*

[16] A *ágora* era a praça onde os antigos gregos atenienses reuniam-se para debater e deliberar acerca de suas questões políticas. Era na *ágora* que se constituía a *ecclesia*, a assembleia dos cidadãos, para decidirem sobre os destinos da polis. O conceito de *ágora virtual* é de que na época da cultura digital pode-se reviver o sentido político da *ágora*, onde por meio da participação livre e igual dos cidadãos se constitui a democracia.

[17] VIRILIO, Paul. *Op. cit.*, 2000.

que considera a cibercultura uma cultura de controle (apropriação por parte do poder instituído por grandes empresas, classes militares e Estado). Virilio postula que o espírito libertário propugnado pela cibercultura foi tragado pelos interesses do capital. O ideal de livre acesso converteu-se em apropriação dos efeitos tecnológicos ora pelo Estado com interesses militares, ora pelo mercado com interesses de ampliação e reprodução do capital.

Virilio chama a atenção para o fato de que o potencial tecnológico da cibercultura não pode se entendido de forma neutra, sem contextualizá-lo no quadro social e econômico que o gera, ou seja, o capitalismo tardio. Nesse sentido, para além do que a cibercultura poderia ser, Virilio propõe observar como ela tem sido efetivamente incorporada à realidade social propriamente dita.

Virilio parte da premissa de que os meios de comunicação eletrônicos interativos são uma indústria (a indústria cultural) regida pelos imperativos do capital. Do ponto de vista econômico, as empresas de comunicação são empresas privadas cujo objetivo maior é o lucro. Mesmo quando, como é o caso do Brasil, rádio e televisão são concessões estatais, tais empresas são privadas e suas políticas estão orientadas para a manutenção e a ampliação de seus interesses.

Esse aspecto fica claro quando nos últimos anos, sob a ação da economia neoliberal globalizada, a indústria da comunicação passou por profundas mudanças estruturais, pois num processo nunca visto de fusões e aquisições, companhias globais ganharam posições de domínio nos meios de comunicação eletrônicos interativos (mais precisamente, os computadores e outras tecnologias capazes de rede). Além da forte concentração, também é significativa a presença, no setor das comunicações, de empresas que não tinham vínculos com o Estado nem tradição nessa área. O porte dos investimentos e a perspectiva de lucros jamais vistos levaram grupos proprietários de bancos, de indústria metalúrgica, indústria elétrica e eletrônica, fabricantes de armamentos e aviões de combate, indústria de telecomunicações a adquirir, mundo afora, jornais, revistas, serviços de telefonia, rádios e televisões, portais de Internet, satélites etc.

O formato oligopolista beira o monopólio. Segundo dados do Observatório da Mídia no Brasil existem sete grandes corporações globais: Disney, Time Warner, Sony, News Corporation, Viacom, Vivendi-Universal e Bertelsmann – norte-americanas, europeias e japonesas. Como satélites, há 70 empresas de mídia relacionadas com os sete conglomerados, de maneira direta ou indireta, e são nichos de mercado nacionais ou regionais (quase metade é norte-americana e outra metade é japonesa e europeia). Entre as latino-americanas, estão: Televisa (México), Globo (Brasil), Clarín (Argentina) e Cisneros (Venezuela). No caso do Brasil, até os anos 1990, dez grupos familiares controlavam a quase totalidade dos meios de comunicação: Abravanel (SBT), Bloch (Manchete), Civita (Abril), Frias (Folha de S.Paulo), Levy (Gazeta Mercantil), Mesquita (O Estado de S. Paulo), Nascimento Brito (Jornal do Brasil), Saad (Bandeirantes) e Sirotsky (Rede Brasil). A crise econômica do início do século e as mudanças constitucionais (permissão da participação de capital estrangeiro e de pessoa jurídica) derrubaram quatro grupos, restando Abravanel, Civita, Frias, Marinho, Saad e Sirotsky. O grupo Abril vendeu 13% de suas ações a fundos norte-americanos; o grupo Globo vendeu 36% do capital da NET para a Telmex e tornou-se sócio minoritário da Sky Brasil (do americano Murdoch); o grupo Folha cedeu 20% de todo seu capital para a Portugal Telecom, que anteriormente era sua sócia na operação de Internet, a UOL. Além disso, empresas totalmente estrangeiras praticam jornalismo no país por meio da comunicação eletrônica. O maior grupo de comunicação do país, a Rede Globo, possui 227 veículos, entre próprios e afiliados. É o único dos grandes conglomerados que possui todos os tipos de meio eletrônico de comunicação, a maioria dos principais grupos regionais e a única presente em todos os estados brasileiros. A Rede Globo detém a maior audiência nacional, com uma média de 54%,[18] (esse tamanho se torna relevante quando consideramos que esse montante significa também um mercado consumidor).

A transformação dos veículos de comunicação em grandes empresas, com interesses que vão muito além daqueles propriamente midiáticos, fez da informação, definitivamente, uma mercadoria regida pela lógica que comanda o mundo do lucro. Ela, a informação, progressivamente, deixa de ser um bem e um serviço público. Isso se reflete diretamente na qualidade dos noticiários e da programação geral a que assistimos todos os dias nos jornais, rádios, televisões e

---

[18] PALHARES, Joaquim. Tarefas para democratizar a mídia. Observatório de mídia. Disponível em: <http://www.observatoriodaimprensa.com.br>. Acesso em: 4 jul. 2009.

sites. A economia passou a reinar nesses espaços. Todo o resto passou a ser tratado de forma secundária e como um espetáculo. Esse fenômeno é mais dramático na política, em que a cobertura tornou-se, no mais das vezes, uma exploração de fofocas, intrigas e banalidades. As pautas e os espaços prioritários passam a ser definidos pelos interesses econômicos estratégicos dessas empresas. A relação entre elas e o mercado publicitário ajuda a entender a natureza desse processo.[19]

No caso do Brasil, o poderio econômico dos meios eletrônicos de comunicação é inseparável da forma oligárquica do poder do Estado, produzindo um dos fenômenos contrários à democracia, o que Alberto Dines chama de "coronelismo eletrônico", isto é, a forma privatizada das concessões públicas de canais de rádio e televisão, concedido a parlamentares e *lobbies* privados, de tal maneira que aqueles que deveriam fiscalizar as concessões públicas tornam-se concessionários privados que se apropriam de um bem público para manter privilégios, monopolizando a comunicação e a informação. Esse privilégio é um poder político que se ergue contra dois direitos democráticos essenciais: a isonomia (a igualdade perante a lei) e a isegoria (o igual direito de expressar-se em público e ter suas opiniões publicamente discutidas e avaliadas).

Em 3 de julho de 2008, aconteceu um episódio que esclarece esse cenário. São Paulo viveu uma pane no sistema de Internet da empresa *Telefonica*. Serviços públicos, bancos,

---

[19] CHAUÍ, Marilena. *Simulacro e poder*: uma análise da mídia. São Paulo: Fundação Perseu Abramo, 2006.

empresas, além de residências, ficaram sem o serviço de conexão de banda larga ao longo do dia. O compromisso de "serviços inovadores com base nas tecnologias da informação e comunicação", converteu-se temporariamente em incomunicação, como postula Norval Baitello Jr.:[20]

> E quanto mais ressaltamos e nos orgulhamos dos bons serviços e das qualidades da comunicação, mais a incomunicação ganha força e ousadia, provocando estragos, desfazendo e desmontando, distorcendo e deformando, semeando discórdia e gerando falsas expectativas, invertendo sinais e valores, azedando as relações e produzindo estranhamentos incômodos.

Milton Santos forjou a expressão *"globalitarismo"* para expressar o totalitarismo que as nações hegemônicas impõem às periferias, seja no âmbito econômico, social ou cultural. Para Santos, o *globalitarismo* consiste num processo de colonização universal, aprofundando o abismo entre ricos e pobres, metrópoles e colônias. As crises econômicas do terceiro mundo são essencialmente crises coloniais. Os meios eletrônicos de comunicação são subservientes instrumentos de manipulação nas mãos das metrópoles. As redes cibernéticas, embora mais democráticas, não contribuem muito para a promoção da igualdade, devido à exclusão econômica das populações coloniais. E isso ocorre principalmente por meio da "tirania da informação" e da tirania do dinheiro. A pri-

---

[20] BAITELLO JUNIOR. *Op. cit.*, 2005, p. 9.

meira funciona da seguinte forma: para Santos, a informação levada à humanidade é trabalhada com o intuito de confundir e não esclarecer. "As mídias nacionais se globalizam, [...] falsificam-se os eventos, já que não é propriamente o fato que a mídia nos dá, mas uma interpretação, isto é, a notícia."[21]

Para ele, o fato é entregue maquiado ao leitor, sem um aprofundamento maior na análise dos acontecimentos, o que, se ocorresse, desvirtuaria o interesse nessas mídias.[22]

Por conta dessa estrutura, somos levados a concordar com Virilio. Até o presente momento constatamos que aconteceu com a cibercultura o mesmo que ocorreu com a modernidade: a promessa de liberdade submeteu-se à onipotência do

---

[21] SANTOS, Milton. *Por uma outra globalização*: do pensamento único à consciência universal. 5ª ed. Rio de Janeiro: Record, 2004, p. 37.

[22] Para Milton Santos (*Ibidem*, p. 39), "o mundo é confuso e confusamente entendido (2004)". O sistema mundo marcado pela clivagem entre o norte e sul conhece seu paroxismo. A economia global beneficia apenas 22 países que acomodam 14% da população mundial. Os 49 países mais pobres, habitados por 11% da população mundial, recebem somente 0,5 % do produto global – quase o mesmo que a renda combinada dos três homens mais ricos do planeta. Em suma, 90% da riqueza total do planeta está nas mãos de apenas 1% de seus habitantes. Estamos diante de um processo no qual a globalização se tornou "fábrica de perversidade" (2004). Esse processo é marcado pelo surgimento de uma dupla tirania: a do dinheiro e da informação (intimamente relacionadas). Violência da informação: o que é transmitido à maioria da humanidade é uma informação filtrada conforme os interesses das grandes corporações, que, em lugar de esclarecer, confunde. Estamos diante de um novo encantamento do mundo, no qual o discurso e a retórica são o princípio e o fim. Esse imperativo e essa onipresença da informação são insidiosos, já que a informação atual tem dois rostos, um pelo qual ela busca instruir, e um outro, pelo qual ela busca convencer. Esse é o trabalho da publicidade.

capital. Dessa maneira, a promessa da cidadania democrática que exige que os cidadãos estejam informados para que possam opinar e intervir politicamente transformou-se em mercadoria subordinada aos interesses do grande capital presente na mídia. Essa banalização do político contribuiu para esvaziar completamente o espaço dos meios eletrônicos de comunicação de qualquer compromisso com questões sociopolíticas relevantes. A mídia assumiu então em sua quase totalidade a vocação de entretenimento subordinado a uma lógica de mercado.

A cibercultura, parece-nos um sistema complexo, híbrido e paradoxal. Complexo na medida em que a rede se situa na esfera da aglutinação do público/privado do pessoal/impessoal, do local/global. Paradoxal na medida em que opera uma lógica duplamente perversa: inclui segregando e exclui integrando. Híbrido porque traz em sua natureza potencialidades contra-hegemônicas, mas se realiza como instrumento de poder hegemônico, conforme observa Richard Barbrook:

> a convergência da mídia, as telecomunicações e os computadores não libertam – nem nunca irão libertar – a humanidade. A Internet é uma ferramenta útil, não uma tecnologia redentora. O determinismo tecnológico não molda o futuro da humanidade: quem constrói o futuro é a humanidade em si, usando novas tecnologias como ferramentas.[23]

---

[23] BARBROOK, Richard. *Futuros imaginários*: das máquinas pensantes à aldeia global. São Paulo: Peirópolis, 2009, p. 10. Disponível em: <http://futurosimaginarios.midiatatica.info>.

Sendo assim, o fenômeno da ciber-religião não poderia ser diferente. Se por um lado traz a promessa da redenção, da aproximação entre as pessoas; por outro, produz na sua sementeira a ilusão: no lugar do *religare*, a mera operacionalidade e a conexão técnica.

2. Relações entre as noções de rede e *religare*

> Toda comunicação humana começa na mídia primária (corpo), na qual os participantes individuais se encontram cara a cara e imediatamente presentes com seu corpo; toda comunicação humana retornará a esse ponto.[24]

Não é possível compreender a ciber-religião, ou seja, o conjunto das experiências religiosas que utilizam as tecnologias comunicacionais e que se dão no espaço da rede, sem perscrutar a configuração comunicacional historicamente constituída pela utilização das redes digitais globais em rede,[25] que, por sua vez, implicam

---

[24] PROSS, Harry. *Estructura Simbólica del Poder*. Barcelona: G. Gili, 1980, *apud* Baitello Jr., 1997, p. 128.

[25] Comunicação em rede difere-se da comunicação de massa. Comunicação em rede refere-se à transferência eletrônica de informações mediada por um computador ou periférico. O conceito de rede desenvolvido por Manuel Castells parte de uma definição bastante simples: "rede é um conjunto de nós interconectados" (p. 498) – mas que por sua maleabilidade e flexibilidade oferece uma ferramenta de grande utilidade para dar conta da complexidade da configuração das sociedades contemporâneas sob o paradigma informacional. Assim, diz Castells,

um modelo próprio de constituição de vínculos comunitários.

A aproximação semântica entre as concepções de *religare*, tal como vimos em capítulo anterior, e de rede não pode passar despercebida quando analisamos a transferência das práticas de *religare*, ou seja, religiosas e religadoras, para o espaço da rede. Esse deslocamento já por si só evidencia as profundas afinidades que podem ser encontradas na base desse processo.

O início do século XXI é marcado pela presença de tecnologias informáticas. Computadores e objetos infotecnológicos permeiam a existência social humana. O espaço privado e o espaço público são pressionados a aderir ao novo arranjo tecnocientífico produzido pela globalização da economia determinando não só um aumento na circulação, bem como maior rapidez no fluxo das informações.

As grandes transformações presenciadas no cenário da comunicação social nestes últimos anos não foram somente fenômenos causados pela internet, mas de alguma maneira concorreram para a potencialização de acontecimentos na rede. A

---

definindo ao mesmo tempo o conceito e as estruturas sociais empíricas que podem ser analisadas por ele, "redes são estruturas abertas capazes de expandir de forma ilimitada, integrando novos nós desde que consigam comunicar-se dentro da rede, ou seja, desde que compartilhem os mesmos códigos de comunicação (por exemplo, valores ou objetivos de desempenho). Uma estrutura social com base em redes é um sistema aberto altamente dinâmico, suscetível de inovação sem ameaças ao seu equilíbrio" (CASTELLS, Manuel. *A sociedade em rede*: a era da informação – economia, sociedade e cultura. São Paulo: Paz e Terra, 1999, p. 499).

própria noção de acontecimento, antes concreto, sofreu um significativo deslocamento para o espaço virtual da rede.

Redes sociais na internet são agrupamentos. Uma rede social é definida como um conjunto de dois elementos: atores (pessoas instituições ou grupos; os nós da rede) e suas conexões (interações ou laços sociais). Uma rede é uma metáfora para observar os padrões de conexão de um grupo social, a partir das conexões estabelecidas entre os diversos atores.[26]

As redes digitais globais constituem a nova morfologia social na era da informação, controlando o estoque de experiência e poder. Diferentes tipos de redes, somados à vanguarda da internet, garantem a vinculação entre a produção da ciência e os espaços de seu uso. São redes os fluxos financeiros globais; a teia de relações políticas e institucionais que governa a União Europeia; o tráfico de drogas que comanda pedaços de economias e sociedades no mundo inteiro; a rede global das novas mídias, que define a essência da expressão cultural e da opinião pública. Dessa realidade emerge uma nova morfologia social conforme considera o sociólogo Manuel Castells:

> O átomo é o passado. O símbolo da ciência para o próximo século é a rede dinâmica. Enquanto o átomo representa uma clara simplicidade, a rede canaliza o poder confuso da complexidade. A única organização capaz de crescimento sem preconceitos e aprendi-

---

[26] Sobre uma análise das redes sociais descrevendo seus atores, conexões, tipologias e dinâmicas, cf. o livro: RECUERO, Raquel. *Redes Sociais na Internet*. Porto Alegre: Sulina, 2009. (Coleção Cibercultura). Disponível em: <http://www.redessociais.net>. Acesso em: 7 mar. 2010.

zagem sem guias é a rede. Todas as outras topologias são restritivas. Um enxame de redes com acessos múltiplos e, portanto, sempre abertas de todos os lados. Na verdade, a rede é a organização menos estruturada da qual se pode dizer que não tem nenhuma estrutura... De fato, uma pluralidade de componentes realmente divergentes só pode manter-se coerente em uma rede. Nenhum outro esquema – cadeia, pirâmide, árvore, círculo, eixo – consegue conter uma verdadeira diversidade funcionando como um todo. Embora físicos e matemáticos possam contestar algumas dessas afirmações, a mensagem básica de Kelly é interessante: a convergência entre a topologia evolucionária da matéria viva, a natureza não estanque de uma sociedade cada vez mais complexa e a lógica interativa das tecnologias da informação.[27]

A Internet e sua difusão potencializaram vários formatos: *websites*, blogs, fotoblogs, videologs, comunicadores instantâneos, comunidades e enciclopédias virtuais. Da comunicação em rede resultaram negócios, transações financeiras, namoros, amizades, casamentos, encontros, reencontros, desencontros, pequenas empresas virtuais, projetos científicos, redes sociais, redes de conhecimento, ensino a distância, engajamento político. Entre todos os fenômenos relevantes pode-se destacar a criação das comunidades virtuais, focos da nossa pesquisa.

---

[27] CASTELLS, Manuel. *A sociedade em rede*: a era da informação – economia, sociedade e cultura. São Paulo: Paz e Terra, 1999.

Desde sua implantação e popularização no Brasil, na década de 1990, a Internet ganhou relevância potencializando a convergência dos meios eletrônicos de comunicação, a geração de novas dinâmicas socioeconômicas, as tensões e disjunções entre o local e o global, a compressão do tempo-espaço. Além do seu alcance quantitativo, a Internet representa em muitos setores uma radical ruptura na forma, no modelo e no próprio conceito de relacionamento, tanto social como o das transações econômicas. A comunicação em rede afetou a rotina em empresas, casas, universidades, alterando processos de conexões tradicionais.

Cresce cada vez mais o número de brasileiros que acessam a Internet em domicílio, local de trabalho, estabelecimento de ensino, centro público de acesso gratuito ou pago, domicílio de outras pessoas ou qualquer outro local. De acordo com o IBGE, 21% (32,1 milhões) da população brasileira com 10 anos ou mais acessa pelo menos uma vez a Internet em algum local, por meio de microcomputador. Esse número cresce continuamente, pois, devido à complexidade da Internet e à velocidade com que ela cresce e se modifica, qualquer estatística está inevitavelmente condenada a ser desatualizada.

De acordo com o Ibope/NetRatings, o tempo médio mensal despendido pelo usuário brasileiro na Internet aumentou de 13h27min, em julho de 2004, para 24h54min, em julho de 2008 – o que o transforma em um recordista mundial. O número de pessoas que acessaram a rede pelo menos uma vez a partir de suas residências também cresceu: são 35,4 milhões, dos quais 23,7 milhões são considerados usuários (28% a mais que em julho de 2007). Durante o mês de férias,

2,5 milhões de crianças (de 2 a 11 anos)[28] passaram aproximadamente 19h28min por mês na frente do computador.[29]

Em se tratando de Internet, deve-se considerar que sua complexidade, velocidade e maleabilidade faz com que qualquer estatística esteja condenada a estar desatualizada. A rede é móvel, volúvel, volátil, flexível, fluída assim como a sociedade que a engendrou.

Paralelamente ao Orkut, a audiência do Facebook no Brasil cresceu 40% de maio a junho de 2009. A cada ano, 492.750 horas de conteúdo são publicados no YouTube. Comparando-se com a realidade da televisão aberta, a Rede Globo no mesmo período produziu apenas 4.500 horas de conteúdo. Os brasileiros são a segunda maior audiência no YouTube; 36% dos internautas publicam fotos e vídeos todos os dias. Paradoxalmente, num país em que o analfabetismo persiste, já somos o quarto país em número de leitores de blogs, onde 2.600.000 brasileiros atualizam diariamente seus blogs, evidenciando a relevância que atribuem ao compartilhamento diário de seu microrrelato.

Outra rede social que merece destaque pelo seu crescimento é o Twitter. O Twitter cresceu em número de usuários

---

[28] Conforme dado divulgado em 2007, as primeiras investidas no ciberespaço têm ocorrido cada vez mais cedo: a média é de 6,7 anos (CHAVES, Érica; LUZ, Lia. A nova civilização *on-line*. Veja Tecnologia, São Paulo, ano 40, n. 2022, p. 12-16., ago. 2007). Disponível em: <http://veja.abril.com.br/especiais/tecnologia_2007/p_012.html>. Acesso em: 07 mar. 2010.

[29] ARRAIS, Daniela. Crianças brasileiras ficam mais de 19h na Internet por mês. *Folha de S.Paulo*. 19 nov. 2008. Disponível em: <http://www1.folha.uol.com.br/folha/informatica/ult124u439545.shtml>. Acesso em: 30 nov. 2008.

1.382% somente em 2008, sendo que nessa época São Paulo era a quarta cidade do mundo que mais usava o Twitter.[30]

O último relatório de 2011 do instituto ComScore sobre a ascensão das redes sociais na América Latina[31] aponta que 90,8% dos brasileiros que acessam a Internet acessam redes sociais, informação extremante significativa e relevante para o nosso objeto de pesquisa, já que a noção de redes sociais e a de cibercomunidades estão imbricadas. De acordo o relatório:

> A audiência global das redes sociais ultrapassa um bilhão de pessoas. Ao redor do mundo, as redes sociais continuam a crescer à medida que novos usuários as adotam como parte da rotina de sua experiência *on-line*. Em Junho de 2011, 1,1 bilhões de pessoas em todo o globo (de 15 anos ou mais, acessando de casa ou do local de trabalho) visitaram um site de rede social, um aumento de 22% desde junho de 2010. Globalmente, 81,4% de todos os usuários da Internet visitam destinos de rede social, representando uma das principais atividades *on-line* ao redor do mundo. (...) O Brasil abriga 43,9 milhões de usuários de redes sociais (junho de 2011), alcançando 90,8% da população *on-line* total. Um total de 12,5 bilhões de minutos foram gastos em redes sociais em junho, somando-se 18,3% de todos os minutos *on-line* durante o mês. Um usuário de redes sociais teve uma

---

[30] Dados disponíveis em: <http://midiaboom.com.br>. Acesso em: 7 mar. 2010.
[31] Dados disponíveis em: http://www.comscore.com/. Acesso em: 23 nov. 2011.

média de 4,7 horas nesses *sites* durante o mês, (...) uma das atividades *on-line* com mais envolvimento dos visitantes.[32]

Nesse cenário não é de se estranhar que a cultura digital esteja intimamente ligada à promessa de interatividade,[33] de interconexão de inter-relação entre os homens, recebida como uma nova modalidade comunicacional em emergência, num contexto de múltiplas interferências, de múltiplas causalidades.

> [...] parece ser coerente afirmar que o termo (interatividade) foi cunhado para referenciar mais especificadamente certas nuanças presentes em experiências relativas às tecnologias digitais. O fato é que antes do surgimento de tais tecnologias o termo não era utilizado no campo da comunicação. Talvez o mais acertado, considerando a gênese e a história do termo, seja utilizá-lo no cenário das tecnologias informáticas, uma vez que, crê-se, seu surgimento quis nomear uma realidade antes inexistente. Nesse sentido, seria inadequado utilizá-lo para designar situações anteriores ao seu aparecimento. É provável que aí esteja a maior fonte de confusão em torno do conceito de interatividade,

---

[32] *Ibidem.*

[33] Sobre o conceito de interatividade e sua crítica, cf. a dissertação de mestrado de MONTEIRO, Márcio Warris. O capítulo "Interatividade e práticas glocais interativas" é consagrado a esquadrinhar as inúmeras propostas para designar o que é interatividade a fim de demonstrar a falácia da interatividade. Indicações precisas nas referências bibliográficas.

além daquela que o toma como sinônimo de interação, com prerrogativas até para substituí-la, mesmo sob justificativas pouco convincentes e/ou sem que haja prova de algum sentido novo acrescentado. Partindo de tal constatação, a interatividade no presente trabalho comparecerá sempre relacionada às tecnologias informáticas, indicando, *stricto sensu*, as relações dialógicas de indivíduos com objetos infotecnológicos, de indivíduos entre si através desses objetos e entre os próprios objetos, *lato sensu*, a dinâmica sociocultural implementada por práticas glocais ciberculturais.[34]

Segundo Dores,[35] além de liderarem o *ranking* mundial em tempo de navegação, os brasileiros também são recordistas no uso de redes sociais, comunidades virtuais e comunicadores instantâneos. Carpanez (2008) apresenta números mais precisos informando que, em abril de 2008, 78,2% dos usuários residenciais brasileiros acessaram *sites* relacionados à categoria "comunidades", como Orkut, Myspace, Facebook, blogs, bate-papos, fóruns e

---

[34] MONTEIRO, Márcio Wariss. *A falácia da interatividade:* crítica das práticas glocais na cibercultura. Dissertação de Mestrado em Comunicação e Semiótica – Programa de Estudos Pós-Graduados em Comunicação e Semiótica PUC-SP, 2006, p. 72-73. Disponível em: <http://www.sapientia.pucsp.br/tde_busca/arquivo.php?codArquivo=3773>. Acesso em: 30 nov. 2008.

[35] DORES, Kelly. *Web apresenta índices recordes.* Propaganda e Marketing, p. 19, set. 2008.

Twitter. Esse número sobe para 88,6% se também forem considerados fotologs, videolologs e comunicadores instantâneos.[36] Esses índices indicam um forte movimento no qual essas novas ferramentas potencializam a criação de novas redes sociais. Estas sinalizam que por trás da almejada interatividade existe de fato uma busca pela criação e manutenção de vínculos que propiciem um sentimento de pertença. As religiões procuram seu espaço nesse novo panorama:

> Uma pesquisa inédita do instituto alemão Bertelsmann Stifung, realizada em 21 países, revela que esse renascimento da religião está mais presente no Brasil que na maioria dos países. O estudo mostra que o jovem brasileiro é o terceiro mais religioso do mundo, atrás apenas dos nigerianos e dos guatemaltecos. Segundo a pesquisa, 95% dos brasileiros entre 18 e 29 anos se dizem religiosos e 65% afirmam que são "profundamente religiosos". Noventa por cento afirmam acreditar em Deus. Milhões de jovens recorrem à Internet para resolver seus problemas espirituais. Na rede de computadores, a diversidade de crenças se propaga como vírus. "Na minha geração só sabia o que era budismo quem viajava para o exterior", diz a antropóloga Regina Novaes, da Universidade de São Paulo e ex-presidente do

---

[36] O Brasil lidera o *ranking* seguido por Japão (67,1%), França (60,9%), Espanha (59,6%), Itália (9%), Reino Unido (56,6%), EUA (56,3%), Austrália (52,2%), Suíça (42,7%) e Alemanha (37,7%).

Conselho Nacional de Juventude. "Hoje, com a Internet, o jovem conversa com todo o mundo e conhece novas religiões. A Internet virou um templo." Mais talvez do que isso, ela se converteu no veículo ideal de uma religião contemporânea e desregulada, que pode ser exercida coletivamente sem sair de casa e sem submeter-se a qualquer disciplina.[37]

No Brasil, jovens vão ao templo e lá conhecem outros adolescentes que pensam como eles. Assim, formam grupos. Assistem aos cultos juntos, saem à noite, viajam. O lazer fica associado à religiosidade. "A maioria de meus amigos é daqui", diz a estudante paulista Ana Teresa Santos Cavalcante, de 17 anos, que frequenta a igreja evangélica Bola de Neve. "Gostamos das mesmas coisas, fazemos os mesmos passeios, por isso nos damos tão bem", afirma ela.[38]

O estudo das transformações ocasionadas pela mídia no campo da religião nos remete ao paradigma da secularização, isto é, à perda, por parte das instituições religiosas, de algumas prerrogativas que passaram à competência de autoridades laicas. Ao ocupar o espaço mediático institucional, a religião tenta reaver seu poder, mas isso gera na realidade uma reação adversa: os meios eletrônicos de

---

[37] Disponível em: <http://noticias.gospelmais.com.br/revista-epoca-publica-a-materia-Deus-e-pop-sobre-os-jovens-e-a-religiao-atualmente.html>. Acesso em: 10 jan. 2010.

[38] Disponível em: <http://veja.abril.com.br/especiais/jovens_2003/p_028.html>. Acesso em: 07 mar. 2010.

comunicação passam a configurar de tal modo as práticas religiosas, que esses dois processos se misturam, mudando a identidade da religião definitivamente, na medida em que o espaço da busca pelo *religare* se transforma de concreto em virtual.

Vemos na onipresença das imagens que a cibercultura promove uma forma de referência aos atributos divinos já que os atributos divinos (onipresença, onipotência e onisciência) mais do que um fator de domínio político, também resgatam um núcleo simbólico religioso.

Sendo a religião um fenômeno da cultura, parece-nos que há interferências mediáticas no cenário religioso e, na mesma medida, interferências religiosas no cenário mediático. Já com os estudos realizados sobre a cultura de massas do século XX, dos quais podemos ressaltar o trabalho de Edgard Morin, sabemos que o espetáculo ocupa o lugar do ritual. Com essa substituição passa-se a buscar na visibilidade mediática, que em sua operação de exposição explicita o que não existe (simulacro) e que não deixa de ser um dos movimentos que constituem o espírito do nosso tempo, a revelação perdida. Em outras palavras, o desencanto do mundo pela técnica é deslocado pelo reencanto do mundo pela técnica. A experiência de estado alterado de consciência e êxtase místico é substituída por experiências espectrais na *web*.

3. Novas cenas religiosas: velas virtuais

> Eisenhower entrou numa sala repleta de computadores e propôs às máquinas a seguinte questão: "Existe um Deus?" Todas começam a funcionar, luzes se acendem, carretéis giram e após algum tempo um voz diz: "Agora existe".[39]

A partir do final do século XX, o advento dos meios de comunicação eletrônicos interativos (mais precisamente, os computadores e outras tecnologias capazes de rede) ampliou a capacidade de conexão, transformando o cotidiano dos seres humanos. A cultura contemporânea fortemente marcada pelas tecnologias digitais está transformando radicalmente a sociabilidade humana. As experiências religiosas, evidentemente, não ficaram imunes a tantas mudanças. Atualmente, várias pessoas, ligadas ou não a instituições religiosas, lançam mão dos meios de comunicação eletrônicos interativos como mediação para experiências religiosas. Na era cibercultural: "o mundo virtual é minha paróquia".[40]

Um acontecimento emblemático! Em 2007, Ana Maria Chiar Ella Dykes, 41 anos, moradora em Kengsport, no Tenessee, EUA, ao receber a notícia de que estava com uma doença grave (o médico suspeitava de câncer no seio, diante da existência de um tumor), ligou para uma amiga no Brasil para contar sua angústia.

---

[39] CAMPBELL, Joseph. *Op. cit.*, 1990, p. 32.
[40] Frase do evangelista britânico John Wesley. Disponível em: <http://www.pibdeuniao.com.br/?p=680>. Acesso em: 7 mar. 2010.

A amiga, católica devota, sugeriu que Ana Maria tomasse as pílulas de Frei Galvão,[41] santo brasileiro.[42] De acordo com a Igreja, por meio dessas pílulas se alcançou a maioria dos cerca de 28 mil milagres documentados no processo de beatificação do frade franciscano. Entretanto, como Ana Maria não tinha como ter acesso às pílulas de papel em tempo hábil, recorreu então à Internet. No *site* oficial de Frei Galvão (www.saofreigalvao.com), ela acendeu velas virtuais e procedeu às orações.

Após alguns dias Ana Maria tomou ciência do resultado de outros exames e descobriu que já não mais possuía a doença. Ana Maria relata o fato, assina e autoriza sua divul-

---

[41] As pílulas de Frei Galvão, consideradas milagrosas, são minúsculos pedaços de papel de arroz contendo um versículo do ofício da Santíssima Virgem. No passado, Frei Galvão escrevia as orações para as pessoas que solicitavam sua ajuda, hoje as pílulas são feitas e distribuídas pelas irmãs do mosteiro da Luz. O mosteiro recebe, diariamente, cerca de 300 fiéis em busca das pílulas de Frei Galvão. Nos finais de semana, esse número sobe para mais de mil pessoas que vêm em busca de cura para problemas de saúde, gravidez ou outro pedido para si ou seus próximos. Consta que, certo dia, Frei Galvão recebeu um pedido para um moço que, se debatia com fortes dores provocadas por cálculos vesicais. Compadecido, Frei Galvão lembra-se do infalível poder da Virgem Maria e, tomando um pequeno pedaço de papel, nele escreve estas palavras do ofício de Nossa Senhora: *Post partum Virgo Inviolata permansisti: Dei Genitrix intercede pro nobis* (Depois do parto, ó Virgem, permaneceste intacta: Mãe de Deus, intercedei por nós). Em seguida, enrolou o papel na forma de um minúsculo canudo, em forma de pílulas, e mandou que o dessem ao moço para tomá-lo. Este, confiando em Nossa Senhora, apenas o ingeriu, expeliu os cálculos sem dificuldade e imediatamente ficou curado.

[42] Canonizado por Bento XVI em sua viagem ao Brasil em maio de 2007.

gação.[43] No *site* encontram-se mais de 500 relatos de graças virtuais com o auxílio de velas de Frei Galvão.[44] No museu virtual de Frei Galvão estão disponíveis os registros enviados pela religiosa. Segundo a Irmandade de Frei Galvão, responsável pelo *site* do santo, nos cinco meses de existência da ferramenta *on-line* foram registradas mais de 520 mil visitas.

Além das informações acerca do religioso, o *site* oferece aos fiéis um espaço de interatividades, como: "indique a um amigo", "*web* cards", "palavra de Jesus", "galeria de fotos", "mural", "imprensa" e "vela de Frei Galvão". Esta última permite que, após um breve cadastro, o usuário, acenda uma vela virtualmente.

Ao acender a vela, o *site* fornece ao usuário um número para que o fiel possa acompanhar a vela acesa. A vela permanece acesa por nove dias, depois ela se apaga.

Conforme informação disponível no *site*, até o dia 20 de março de 2010, já tinham sido alcançadas 540 graças com o uso das velas virtuais do *site*. O *site* oferece aos consulentes a possibilidade de registrar as graças, bem como conhecer as graças alcançadas por outros.

4. Novas cenas religiosas: terços virtuais

Outro caso emblemático revela um novo perfil da religiosidade no Brasil: o *religare* mediado pelos meios de comu-

---

[43] Disponível em: <http://tecnologia.terra.com.br/interna/0,,OI1689346--EI4802,00.html>. Acesso em: 7 mar. 2010.
[44] Disponível em: <http://www.saofreigalvao.com/w3c_relgracas.asp>. Acesso em: 7 mar. 2010.

nicação eletrônicos interativos: a ciber-religião. A utilização em grande amplitude desses meios como intercessão de experiências religiosas pelo terço virtual.

Há vários formatos. Um deles é o terço eletrônico inventado pelo empresário Josué Corrêa de Lacerda, de Ribeirão Preto, São Paulo. Trata-se de um aparelho pequeno que compreende um chip eletrônico alimentado por pequenas pilhas. No chip está gravado um programa que desempenha a função do rosário, sendo controlado por meio de botões de "comando inteligentes", cada qual com mais de uma função. As funções são diferenciadas pelo tipo de toque e capazes de memorizar o ponto em que foram interrompidas, retornando no momento desejado pelo usuário. Também é possível gravar na memória os dias em que foram colocadas em prática as funções do chip, programá-lo para desligar automaticamente após três minutos ociosos, gravar sua última posição e receber sinais para informações audíveis. O terço eletrônico tem alarme, vibração, texto rotativo, imagens alternando com texto, funções do rosário, funções do terço e calendário em tempo real.

Outro formato está disponível para *download* e pode ser rezado utilizando um aparelho de celular. Vários *sites* católicos oferecem para os fiéis arquivos em formato Mp3 ou Mp4.

Há também o terço virtual. Os fiéis têm a possibilidade de rezar o rosário olhando para a tela do computador. O *site* apresenta a imagem do terço com a opção de escutar música. Durante a oração, a imagem do terço é móvel, simulando o gesto das mãos que tocam nas conchas.

"Terço" é um termo que designa tanto uma oração quanto o instrumento utilizado para realizá-la. Em sua dimensão material, o terço consiste em um colar com 50 contas para rezar ave-marias e cinco contas para pai-nossos. Ele recebeu esse nome porque, no contexto do ritual da oração, o terço correspondia à terça parte da oração do rosário, o qual era composto por 150 ave-marias e 15 pai-nossos, combinados com a meditação de episódios da vida de Jesus Cristo e Nossa Senhora. No ano de 2002, o Papa João Paulo II acrescentou ao rosário a meditação de mais cinco episódios da vida pública de Cristo, chamados "mistérios luminosos", e desde então o rosário é composto por 200 ave-marias e 20 pai-nossos. Sendo assim, o terço não corresponde mais à terça parte da oração do rosário, mas o nome permaneceu.

5. O sacrifício do corpo

A difusão do terço, especialmente por meio dos *sites,* pode estar relacionada ao panorama mais geral do campo religioso brasileiro e à necessidade, por parte da Igreja, de reagir diante da perda de fiéis, como ocorreu desde as origens da oração, nascida de esforços de evangelização católica e de conversão dos hereges.

As narrativas tradicionais contam que o rosário foi entregue a São Domingos de Gusmão pela Virgem Maria, para que ele rezasse e divulgasse a "oração do rosário". O período, no início do século XIII, foi marcado por inúmeras revoltas hereges no seio da cristandade europeia, e a oração, desde suas origens, aparece como instrumento para a evangelização. Fato é que, com o passar do tempo, o rosário foi fracionado e perdeu popularidade para sua terça parte.

Enquanto oração, o "terço" atua como mediador, porque cria condições propícias para o contato entre aquele que ora e Jesus Cristo ou Maria, assim como o próprio objeto, em diversas circunstâncias, condensa os sentidos sagrados dessa relação. É possível considerar que isso faça parte do movimento mais geral de publicidade da oração do terço e do rosário.

Como já dissemos no capítulo 1, esse fenômeno tem defendido a perda do valor sagrado dos objetos religiosos nesse deslocamento dos espaços de produção e consumo estritamente religiosos para um espaço público mais amplo de comercialização e consumo profanos.

Essa leitura se baseia na ideia de que os objetos produzidos em instâncias religiosas teriam uma determinada "aura" tradicional, que haveria se perdido com a adoção de regras e padrões mercadológicos. Somos levados a crer que a difusão de velas e terços virtuais obedecem à lógica de consumo, orientada pelos desejos dos indivíduos consumistas, e à lógica religiosa de produção de sentidos.

Não podemos ignorar o papel ativo da Igreja na defesa e disseminação do rosário virtual, por meio da intensa divulgação de campanhas, realizadas por paróquias lideradas por simpatizantes do movimento carismático, bem como as mobilizações em defesa da oração.

Por outro lado, não dá para negar que a relação de parceria entre catolicismo e amplo consumo de terços e rosários virtuais correspondam, de alguma maneira, a uma "destradicionalização religiosa", acarretando uma ameaça à "aura sagrada" dos objetos. De acordo com Walter Benjamim,[45] a aura de um objeto provém de sua autenticidade, ou seja, de sua capacidade de encarnar em si toda a tradição envolvida em sua produção. No contexto de intensa reprodução técnica, a "perda da aura" é um risco permanente, já que está inscrita na materialidade dos objetos.

Entretanto, quando a reprodução é orquestrada e promovida pela própria tradição, que ampara o objeto reproduzido, ela é uma aposta na capacidade de ocupação dos espaços, em sua atualização cada vez mais ampla. Portanto, a divulgação da devoção à oração do rosário e do terço, dando-se com e a partir da vasta reprodução de terços e rosários no *cyberspace*, afina-se com o propósito mais geral de evangelização e participação do catolicismo nos espaços sociais, disputando, com outras religiões, possíveis adesões de fiéis. Trata-se, a nosso ver, de uma atitude política com relevos mercadológicos, afastando-se do *religare* tradicional.

---

[45] BENJAMIN, Walter. A obra de arte na era de sua reprodutibilidade técnica. In: *Obras escolhidas*, v. I. Magia e técnica, arte e política. São Paulo: Brasiliense, 1994. Segundo o autor, em épocas anteriores, a experiência do público com a obra de arte era única e condicionada pelo que ele chama de "aura", isto é, pela distância e reverência que cada obra de arte, na medida em que é única, impõe ao observador. Primeiro – nas sociedades tradicionais ou pré-modernas – pelo modo como vinha associada ao ritual ou à experiência religiosa; depois – com o advento da sociedade moderna burguesa – pelo seu valor de distinção social, contribuindo para colocar num plano à parte aqueles que podem aceder à obra autêntica. O aparecimento e desenvolvimento de outras formas de arte (começando pela fotografia), em que deixa de fazer sentido distinguir entre original e cópia, traduz-se assim no fim dessa "aura".

O fenômeno do terço e das velas virtuais modifica os ritos tradicionais, pois nesses casos o corpo não está mais presente. Em nome de interesses políticos e mercadológicos ocorre o sacrifício do corpo. A concretude da experiência humana é deixada no passado para emergir no presente uma sociedade escravizada pelos signos da sua visibilidade. Vive-se em um mundo onde tudo o que o compõe deixa de ser valorizado pelo seu sentido real para ser vangloriado pelo seu valor no mercado. Enquanto construção semiótica, o valor simbólico da informação mercadoria segue a lógica hierárquica, que é ditada pelo discurso midiático.

> Afinal, se os sentidos estão no corpo, quem vai abdicando da comunicação primária (em prol das maravilhas da comunicação virtual) vai perdendo também a capacidade semiótica, e passa a se mover num mundo em que tudo, literalmente, não tem nem faz sentido. E o argumento de que a sinestesia provocada pelas linguagens visuais seria capaz de recontactar o homem a essa estética viva sobre a qual vimos falando resulta muito duvidoso. Nossa sociedade segue rejeitando a ideia de que há algo de único que perdemos ao abdicarmos da presentidade corporal.[46]

De acordo com Harry Pross em *La estrutura simbólica del poder,*[47] o sujeito confia no signo. Como os símbolos

---

[46] CONTRERA, Malena Segura. *Op. cit.*, 2002, p. 68.
[47] PROSS, Harry. *La estrutura simbólica del poder*. Barcelona: G. Gili, 1980.

primitivos, as inscrições ditadas pela mídia fazem da contaminação imagética a linguagem padrão, na qual a sociedade deve confiar. As imagens arranjadas nos cenários midiáticos suscitam o imaginário coletivo ao consumo de ideias. Se na pós-modernidade imperam compulsivamente o desejo e a diversidade estimulados pelo consumo de imagens, a mídia é o território virtual da construção desse parâmetro coletivo de sentido.

O rito da vela virtual, do terço virtual, na ciber-religião, no contexto da cibercultura, opera conforme nossas argumentações um deslocamento do *religare* para o culto da técnica e do mercado. Nesse processo, o grande sacrificado é o corpo que padece e não mais está presente. Substituído pelos sentidos visuais e auditivos, o tato é abolido pela imagem.

Mas não apenas o corpo que sobe ao altar sacrificial da ciber-religião. Outra vítima imolada é o espaço, como veremos a seguir.

6. Peregrinar é preciso

O desejo humano de viajar, de percorrer terras e de conhecer continentes, pode levar ao prazer ou ao desencanto, conforme atenda ou não aos nossos sonhos. Mas aonde pode ir um homem sem levar consigo tudo o que de fato é, e tudo o que se acostumou a desejar? A verdadeira viagem, a que conserva as paisagens, mas modifica o homem, é talvez a única que não deve ser adiada. Nela, o viajante é mais importante do que as terras que percorre, e a partir dela todos os caminhos têm um encanto novo – mesmo os que levam de uma rua a outra, na cidade em que se vive.[48]

Peregrinação é uma palavra oriunda do latim [*per agros*], isto é, "pelos campos". Trata-se de uma jornada realizada por um devoto de uma dada religião a um lugar considerado sagrado por essa mesma religião. O termo "peregrino" aparece em nossa língua na primeira metade do século XIII, para denominar os cristãos que viajavam a Roma ou a Jerusalém, a fim de visitar os lugares sagrados. Entretanto, o ato de peregrinar não é exclusividade do cristianismo, pois ocorre desde os tempos mais primevos, em que predominavam ritos pagãos.

Todavia, para peregrinar há que ter em conta que não se trata apenas de executar um trajeto com um determinado número de quilômetros; o peregrino está sempre motivado "por" ou "para algo". A peregrinação tem, assim, um sentido e um valor acrescentado que é necessário descobrir em cada pessoa que a executa. O peregrino é aquele que se desloca em busca de sua redenção, como considera Mircea Eliade:[49]

> É a vida imediata, de todos os dias, que é transfigurada na experiência de um homem religioso: o homem descobre por todo lado uma "cifra". Até o

---

[48] LISBOA, Luiz Carlos. *Música da Nova Era:* apresentação e discografia essencial de Mirna A. Grzich. 2ª ed. São Paulo: Livraria Cultura Editora, 1989.
[49] ELIADE, Mircea. *Op. cit.*, 1992, p. 88.

gesto mais habitual pode significar um ato espiritual. O caminho e a marcha são suscetíveis de ser transfigurados em valores religiosos, pois todo caminho pode simbolizar "o caminho da vida" e toda marcha uma "peregrinação", uma peregrinação para o Centro do Mundo.

Contudo, é sabido que se trata de uma experiência religiosa que provoca um deslocamento no espaço material. Peregrinar traz a ideia de viajar, andar longamente por lugares vários e distantes. Acerca dessa noção de espacialidade, Eliade considera:[50]

> Para o homem religioso, o espaço não é homogêneo: o espaço apresenta roturas, quebras; há porções de espaço qualitativamente diferentes das outras. "Não te aproximes daqui, disse o Senhor a Moisés; tira as sandálias de teus pés, porque o lugar onde te encontras é uma terra santa" (Êxodo 3, 5). Há, portanto, um espaço sagrado, e por consequência "forte", significativo, e há outros espaços não sagrados, e por consequência sem estrutura nem consistência, em suma, amorfos. Mais ainda: para o homem religioso essa não homogeneidade espacial traduz-se pela experiência de uma oposição entre o espaço sagrado – o único que é real, que existe realmente – e todo o resto, a extensão informe, que o cerca.

---

[50] *Ibidem*, p. 25.

7. Peregrinações antigas

Conhece-te a ti mesmo.

Na Antiguidade, na Grécia e no Oriente Helenístico, os principais centros de peregrinação eram os oráculos.[51] Os hebreus, devotos do Judaísmo, mantinham o hábito de visitar o Templo de Jerusalém[52] três vezes por ano, nas fes-

---

[51] Os oráculos gregos constituíam um aspecto fundamental da religiosidade grega. O oráculo é a resposta dada por uma divindade que foi consultada por uma dúvida pessoal, referente geralmente ao futuro. Esses oráculos só podem ser dados por certas divindades, em lugares determinados, por pessoas determinadas e se respeitando rigorosamente os ritos: a manifestação do oráculo se assemelha a um culto. Além disso, interpretar as respostas do deus, que se exprime de diversas maneiras, exige uma iniciação. O mais importante centro de peregrinação da Grécia Antiga era o Oráculo de Delfos; um templo consagrado a Apolo, em que as sacerdotisas faziam profecias baseando-se em transes. As respostas e profecias ali obtidas eram consideradas verdades absolutas. No local havia uma inscrição: "Conhece-te a ti mesmo", atribuída aos Sete Sábios da Grécia, aos quais era atribuída também grande quantidade de máximas e preceitos, por todos conhecida. A lista dos Sete Sábios não foi sempre a mesma, mas a mais difundida, do tempo de Platão, é a seguinte: Tales de Mileto, Periandro de Corinto, Pítaco de Mitilene, Brias de Priene, Cleóbulo de Lindos, Sólon de Atenas e Quílon de Esparta.

[52] O Templo de Jerusalém é o nome dado ao principal centro de culto do povo de Israel, onde se realizavam as diversas ofertas e sacrifícios. De acordo com a tradição, o primeiro templo teve sua construção iniciada no terceiro ano do reinado de Salomão e concluída sete anos depois. Segundo a Bíblia, em Reis e em Crônicas, foi seu construtor Hirã. Foi saqueado várias vezes e acabou por ser totalmente incendiado e destruído por Nabucodonosor II, em 587 a.C. O segundo templo foi reconstruído durante a dominação persa, no mesmo local. Sofreu modificações com o rei Herodes, o Grande. Acabaria também por ser destruído em 70 d.C., desta vez pelas legiões romanas comandadas pelo general Tito. Deste templo atualmente só restou o que denomina-se de Muro das Lamentações.

tividades judaicas. Os primeiros peregrinos cristãos desde o século III também visitavam Jerusalém. A ocupação de Jerusalém pelos árabes no século VII e posteriormente pelos turcos seljúcidas mudou muito esse cenário. Roma também se tornou um local de peregrinação (romaria) por força da tradição dos apóstolos e de numerosos mártires.

8. Peregrinação a Meca

A peregrinação (*Hajj*) também faz parte de uma prática fundamental da vida religiosa do muçulmano.[53] A história do *Hajj* remota aos fundamentos do islamismo, à época de Abraão, considerado pai de todos os profetas. Segundo a religião, Deus ordenou que Abraão – junto com seu filho Ismael – reerguesse os pilares da Caaba (meteorito, que fica em Meca, considerado sagrado pelos muçulmanos) e fizesse o chamamento para que o povo viesse peregrinar. O ritual implica seguir os caminhos e reproduzir atos feitos por ele.

O *Hajj* anual começa no décimo segundo mês do calendário islâmico. Os peregrinos vestem roupas especiais: vestimentas simples que eliminam distinções de classes e cultura; assim todos ficam iguais perante Deus.

---

[53] ELIADE, Mircea; COULIANO, Ioan. *Dicionário das Religiões*. São Paulo: Martins Fontes, 1999.

O ponto máximo da liturgia da peregrinação é efetuar o *tawaf*, que consiste em dar sete voltas à Caaba[54] no sentido anti-horário, durante as quais o muçulmano efetua orações, recitando uma espécie de mantra: "aqui estou a seu serviço". Anualmente, cerca de 2,5 milhões de fiéis de mais de 160 países peregrinam em direção às cidades sagradas de Meca e Medina, no oeste da Arábia Saudita.[55]

Essa espiritualização do corpo através da acústica revela a importância dos gestos corporais para a realização dos rituais de peregrinação. Trata-se da sacralização do corpo em sintonia com os rituais religiosos.

Com efeito, pode-se afirmar que a peregrinação é considerada uma espécie de obra ascética, pois exige um abandono voluntário da terra nativa do peregrino. Também exige o completo abandono do modo de vida daquele que parte, bem como a renúncia (mesmo que temporária) a seu trabalho, trocando a segurança e o conforto de seu lar, seu espaço homogêneo, conhecido, familiar, pela heterogeneidade do espaço desconhecido, pelo imponderável. Assim, desde sua partida, o caminhante transformava-se a um só tempo em estrangeiro e humilde. Podemos considerar a peregrinação,

---

[54] A Caaba é uma construção reverenciada pelos muçulmanos, na mesquita sagrada de Al Masjid Al-Haram em Meca, e é considerada pelos devotos do islã como o lugar mais sagrado do mundo.

[55] Atualmente o islamismo é a fé majoritária em 50 países. Em 2008, o Vaticano admitiu que há mais muçulmanos no mundo do que católicos. Segundo uma publicação da Santa Sé, o *L'Osservatore Romano*, com dados de todas as religiões, os muçulmanos são 1,32 bilhão, comparado a 1,13 bilhão de católicos. Disponível em: <http://www.vatican.va/news_services/or/home_ita.html>. Acesso em: 20 fev. 2009.

como pondera Joseph Campbell, uma jornada heroica em busca da salvação:

> A grande massa de homens e mulheres dá preferência ao caminho menos eivado de aventuras das rotinas tribais e cívicas comparativamente inconscientes. Mas esses peregrinos também são salvos – em virtude dos auxílios simbólicos herdados da sociedade, os rituais de passagem, os sacramentos geradores de graça, dados à humanidade antiga pelos redentores e mantidos ao longo dos milênios. Apenas àqueles que não conhecem nem um chamado interno, nem uma doutrina externa, cabe verdadeiramente um destino desesperador; falo da maioria de nós, hoje, nesse labirinto fora e dentro do coração.[56]

A peregrinação a Meca, na forma como é realizada, ainda hoje mantém o formato dos ritos primevos. Mircea Eliade[57] evidencia que, nos rituais primevos, os vínculos são construídos na tentativa de o homem reviver o paraíso perdido. Nesses encontros, em festas, juntamente com seus pares e com a natureza, a busca por reconstruir a cosmogonia possibilitava ao sujeito beber das fontes da criação nesta reatualização do fazer do mito fundante da comunidade. O som, a voz, o cheiro, o tato, os gestos faziam parte do ritual. Ali não se exigia do homem nada mais que seu próprio ser, sua pessoa, sua essência.

---

[56] CAMPBELL, Joseph. *O herói de mil faces.* São Paulo: Cultrix/Pensamento, 1994, p.14.

[57] ELIADE, Mircea. *Op. cit.*, 1992.

9. Santiago de Compostela[58]

> Não se entende por peregrino senão o que vai à casa de Santiago ou de lá retorna.
>
> (Dante Alighieri)

No século VIII, a península Ibérica estava quase completamente ocupada pelo Islã. Deflagrado um século antes na Arábia, esse fulminante expansionismo religioso, militar cultural e demográfico progrediu depressa Ásia adentro, avançando também em direção ao Norte e ao Ocidente até abarcar a maior parte das terras banhadas pelo Mediterrâneo. Era a primeira vez que a Europa cristã se via sitiada por um inimigo combativo e determinado. Pelo flanco mais ocidental, os muçulmanos ultrapassaram os Pirineus e chegaram a Poitiers, no atual centro-oeste francês, onde seu avanço foi detido em 732 pelas tropas do *marjodomus* franco Carlos Martel.

---

[58] Nesse excerto, são utilizadas referências de maneira geral, das seguintes obras: SINGUL, Francisco. *O caminho de Santiago*: a peregrinação ocidental na Idade Média. Rio de Janeiro: Eduerj, 1999; CARNEIRO, Sandra de Sá. *A pé e com fé*: brasileiros no caminho de Santiago. São Paulo: CNPq/Pronex: Attar, 2007. GUIMARAES, Waldinei Comercio de Souza. *O crepúsculo em Santiago*: a jornada do peregrino rumo a religiosidade e a descoberta analítica. 2008. 117 f. Dissertação (Mestrado em Ciências da Religião) – Pontifícia Universidade Católica de São Paulo, São Paulo, 2008. Disponível em: <http://aleph50018. pucsp.br/F/6JJBHR2JR4MY6IR2PSNHMCN6UIYX3MUN4298DMA TNCAT4PEGJI-02070?func=full-set-set&set_number=261018&set_ entry=000001&format=999>.

A população cristã da península Ibérica foi submetida pelo invasor, exceto numa estreita faixa horizontal ao Norte, onde reinos visigodos como Astúrias e Navarra mantiveram a independência. Uma batalha importante vencida pelo rei das Astúrias no ano de 718, em Covadonga, foi mais tarde consagrada como ponto de partida para a Guerra da Reconquista, que só culminou em 1492 – o mesmo ano da chegada à América – com a expulsão definitiva dos mouros de Granada.

Foi na guerra contra os mouros que se construiu uma aliança entre a Igreja e o Estado na península Ibérica. Os ibéricos tinham uma cruzada para lutar, terras para recuperar e teriam também uma rota de peregrinação sagrada.

Em 813, sob o reinado de Afonso II das Astúrias, corre a história de que um camponês da Galícia, no extremo noroeste, próximo ao *finisterrae*, "onde a terra acaba", tivera uma visão em que lhe aparecia um caminho de estrelas a sinalizar o Monte Libradón, sob o qual haveria um túmulo. O bispo da jurisdição, Teodomiro, determinou que escavações fossem realizadas no local, e elas não tardaram a revelar uma arca de mármore, dentro da qual o bispo anunciou que estava o despojo do apóstolo Tiago.

Esse Santiago figura nas escrituras como irmão mais velho de João, supostamente o discípulo predileto de Cristo, ambos pescadores e filhos de Zebedeu. Teria sido Santiago que primeiro recebeu o pão na Santa Ceia, recém-partido por Cristo, e o segundo mártir da fé cristã, executado em Jerusalém no ano de 42, não sem antes ter pregado, segundo a tradição, na Espanha. Sua passagem pela península Ibérica é dada por lendária, a ponto de o apóstolo Paulo escrever numa das epístolas: "desejava há *muitos anos chegar até vós. Irei quando for para a Espanha*" (Rm 15,24). Consta que havia costume, entre os cristãos primitivos, de sepultar os propagadores da fé ali onde haviam pregado. Daí a crença de que os restos de Santiago estivessem em algum lugar da Espanha para onde teriam sido transportados por discípulos.

Atento aos acontecimentos, Afonso II mandou construir uma igreja no local, que passou a atrair devotos e recebeu o nome Santiago de Compostela, derivado da expressão latina "campo de estrelas".

Em 844, nas proximidades de Logroño, o rei Ramiro I das Astúrias perdia uma batalha para as tropas do Sultão Abderramã II. Então, o fantasma do apóstolo Santiago, montando um cavalo branco e armado como cavaleiro, com lança e escudo, irrompeu entre suas fileiras e as exortou a segui-lo numa carga heroica contra os infiéis, dando a improvável vitória aos asturianos. O mito de Santiago logo se consolidou entre os peninsulares e começou a atrair viajantes que vinham a seu suposto sepulcro fazer um pedido, agradecer uma graça, pagar uma promessa ou expiar uma culpa. A Igreja passou a conceder indulgências, documentos que anistiavam pecados, a quem fizesse a empreitada. Com o passar do tempo, estabeleceram-se rotas que provinham do leste da península, da França ou da Inglaterra para se reunir em Puente La Reina, de onde o percurso único seguia diretamente para o rumo Oeste, em paralelo à linha reta dos montes Cantábricos, que separam o norte da Espanha e o Atlântico até Santiago.

Como o santuário fica a cerca de 50 quilômetros do oceano, passou a ser costume, entre os peregrinos, regressar com uma concha de vieira, a prova de que havia estado lá, e também uma referência aos pescadores que teriam levado os restos mortais do apóstolo para o país do qual ele viria a ser padroeiro; assim, a concha passou a ser o emblema da peregrinação.

Para quem partia de algum lugar além dos Pireneus, a viagem de ida e volta poderia durar meses, anos em certos casos. Nas condições precárias em que era feita a travessia, muitos peregrinos adoeciam pelo caminho, o que semeou mosteiros no percurso, destinados a dar hospedagem e atendimento médico aos peregrinos.

Ao longo dos séculos, o caminho de Santiago é um veio profundo onde se combinam repertórios de crenças na órbita de um misticismo cristão ampliado e eclético. Uma tradição católica vincula cada um dos doze apóstolos a uma dada virtude; a de Santiago é a esperança. Quem percorre o caminho geralmente espera encontrar algum sinal que o (re)aproxime de Deus, dos outros homens e de si mesmo. Trata-se de um sinal de *religare*.[59]

---

[59] O ano de 2010 é o ano Jubilar Compostelano. É celebrado desde a Idade Média, por disposição papal, quando o dia do apóstolo Santiago Maior (25 de julho) coincide com um domingo, o que sucede habitualmente cada 6, 5, 6 e 11 anos. As exigências formais da Igreja para ganhar o Jubileu são: visitar a catedral de Santiago, onde se encontra o corpo de Santiago e rezar pelo menos uma oração. Também é exigida a confissão e comunhão no mesmo dia da peregrinação ou 15 dias antes ou depois desta, mas tais sacramentos podem ser cumpridos em qualquer lugar, e não obrigatoriamente na catedral compostelana.

Essa é a fonte em busca da qual acorrem as multidões de peregrinos que, em nosso tempo, voltaram a percorrer o antigo trajeto agora oficialmente fixado e demarcado por sinais a cada 200 metros. Uma rede de albergues ligados à arquidiocese de Compostela oferece abrigo ao longo da marcha. Para conceder uma indulgência, a Igreja aceita um percurso de pelo menos 100 quilômetros antes de chegar a Santiago de Compostela, transpostos de preferência a pé, mas também em bicicleta ou até a cavalo. Nos albergues e nas igrejas do trajeto, o passaporte do peregrino é carimbado a fim de evitar fraudes. Estima-se que 55 mil pessoas tivessem percorrido algum trecho válido do caminho no ano 2000. Apenas uma minoria desses peregrinos teria feito o percurso chamado caminho francês, cuja extensão é de 774 quilômetros entre a fronteira com a França e a cidade do apóstolo, seguindo as pegadas de um número incalculável de precursores, geração após geração, desde tempos remotos.

10. Ciberperegrinação

Em 2009, um serviço da Google, denominado *Street View* (o serviço digitaliza imagens das ruas no serviço de mapas do Google), tornou possível peregrinar virtualmente pelas cidades e povoados por onde passa o caminho de Santiago. Com isso, ciber-peregrinos podem viajar virtualmente pelo caminho. Além do caminho de Santiago, a lista de novos monumentos espanhóis que podem ser visitados virtualmente com essa ferramenta inclui a Alhambra de Granada, a catedral de Toledo, o aqueduto de Segóvia, a mesquita de Córdoba e o museu Guggenheim de Bilbao. Para captar as imagens, o *Street View* utiliza câmeras instaladas sobre o teto de um automóvel ou em triciclos especialmente adaptados, se forem áreas mais inacessíveis.

O Google *Street View* é um recurso do Google *Maps* e do Google *Earth,* que disponibiliza vistas panorâmicas de 360º na horizontal e 290° na vertical, e permite que os usuários vejam partes de algumas regiões do mundo ao nível do solo. Quando foi lançado, em 25 de maio de 2007, apenas cinco cidades americanas haviam sido incluídas. Desde então, já se expandiu para milhares de localizações em alguns países, como Estados Unidos, França, Austrália e Japão.

O Google *Street View* mostra fotos tiradas por uma frota de veículos do modelo Chevrolet Cobalt nos Estados Unidos, Opel Astra na Europa e Austrália, Toyota Prius no Japão e Fiat Stilo no Brasil. Em áreas de pedestres, ruas estreitas e outros lugares que não podem ser acessados/ acedidos por carros, são usadas as Google *Bikes*. As imagens podem ser navegadas usando tanto o mouse quanto o teclado. Com esses dispositivos, as fotos podem ser vistas em diferentes tamanhos, a partir de qualquer direção e de diversos ângulos. As linhas que surgem na rua que está sendo exibida indicam a direção seguida pelo carro com a câmera do *Street View.*

A catedral de Santiago de Compostela lançou um sistema que substitui as tradicionais velas de cera por outras elétricas, que podem ser ativadas por meio de celulares ou da Internet. Por cerca de US$ 2, os fiéis podem acender uma vela sem a necessidade de estarem presentes na igreja. De acordo com os criadores do projeto, a catedral fica com um terço do que é arrecadado e o resto é dividido entre os criadores e as empresas que organizam as operações virtuais.

Os meios de comunicação eletrônicos interativos, aproveitando-se da necessidade de o homem vincular-se por meio do rito de peregrinação, procura desenhar um ambiente no qual esse vínculo possa acontecer. Antes, os vínculos se davam por meio dos caminhos percorridos, nos deslocamentos espaciais.

O ingresso na modernidade e a invenção mais incisiva dela advinda, a cibercultura, implicaram a mudança na relação espaço-tempo. David Harvey[60] sugere que temos vivido nas últimas décadas numa intensa fase de compressão do tempo-espaço, geradora de um grande impacto nas práticas político-econômicas, no equilíbrio do poder de classe e na vida social e cultural.

Para ele, o conceito de "compressão do tempo-espaço" compreende processos que alteram as "qualidades objetivas do espaço e do tempo," de maneira tal que modificam nossa forma de representar o mundo para nós mesmos. Com isso, Harvey aponta para a "aceleração do ritmo de vida" associada ao capitalismo e às possibilidades de deslocamento e rompimento de barreiras espaciais, de tal modo que "por vezes o mundo parece encolher sobre nós".[61]

Como explicou Marc Augé,[62] por meio dos não lugares se descortina um mundo provisório e efêmero, comprometido com o transitório e com a solidão. Os não lugares são a medida de uma época que se caracteriza pelo excesso factual, supera-

---

[60] HARVEY, David. *A condição pós-moderna*: uma pesquisa sobre as origens da mudança cultural. São Paulo: Loyola, 1992.

[61] *Ibidem*.

[62] AUGÉ, Marc. *Não lugares*: uma introdução à antropologia da supermodernidade. 6. ed. Campinas: Papirus, 2007.

bundância espacial e individualização das referências, muito embora os lugares e não lugares sejam polaridades fugidias.

Porém, esse novo espaço midiático proposto fere os princípios da necessidade mítica, pois o tempo e o espaço, outrora vivos, réplicas do "universo" criado pelos deuses, surgem como imagens da mídia, quebrando essa unidade ativa da participação de todos num mesmo lugar. Tal quebra, raiz da espetacularização e sua estreita relação com a cultura de massa, ao dividir o espaço social do ritual, distancia os interlocutores desse processo social.

> A cultura de massa quebra a unidade da cultura arcaica na qual num mesmo lugar todos participavam ao mesmo tempo como atores e espectadores da festa, do rito, da cerimônia. Ela separa fisicamente espectadores e atores. [...] A festa, momento supremo da cultura folclórica, na qual todos participam do jogo e do rito, tende a desaparecer em benefício do espetáculo. Ao homem da festa sucede o que chamamos "público", "audiência", "espectadores". O "elo imediato e concreto se torna uma teleparticipação mental".[63]

11. O sacrifício do espaço

> Espaço, aqui estão as minhas dores.
> (Vilém Flusser)

As experiências religiosas midiáticas são algo tão antigo quanto as próprias manifestações religiosas, já que as cerimô-

---

[63] MORIN, Edgar. *Op. cit.*, 1990, p. 62-63.

nias místicas arcaicas utilizavam centralmente o corpo em seus rituais. Norval Baitello Jr. em seus estudos sobre comunicação, na esteira de Harry Pross, explica que há três tipos de mídia: a primária, a secundária e a terciária. Segundo a classificação de Pross,[64] a mídia primária é o próprio corpo. A partir de Pross, Baitello descreve várias possibilidades comunicativas da mídia primária: "O nosso corpo é de uma riqueza comunicativa incalculável [...] sem sombra de dúvida, é esta a mídia mais rica e complexa [...] a voz, o cheiro, o gesto [...]".[65] Ainda sobre a mídia secundária e terciária:

> Ocorre que o homem, em sua inquietude e criativa operosidade, procura aumentar sua capacidade comunicativa, criando aparatos que amplifiquem o raio de alcance de sua "mídia primária". Inventa a máscara, que lhe acentue não apenas traços faciais, mas também lhe amplifique a voz; as pinturas corporais, as roupas, os adereços e depois os aparatos prolongadores e/ou substitutos do próprio corpo inauguram um quadro de mediação mais complexo, o da "mídia secundária". Aí não podemos nos esquecer da escrita e todos os seus desenvolvimentos, carta, imprensa, livro, jornal; tampouco se podem deixar de fora as técnicas de reprodução da imagem. A "mídia secundária" requer um transportador extracorpóreo para a men-

---

[64] PROSS, Harry; BETH, Hanno. *Introducion a la ciencia de la comunicacion.* Barcelona: Antropos, 1990.

[65] BAITELLO JUNIOR. *Op. cit.*, 2005, p. 32.

sagem, vale dizer, precisa de um aparato que aumente o raio de ação temporal ou espacial do corpo que diz algo, que transmite uma mensagem ou que deixa suas marcas para que outro corpo, em outro espaço ou em outro tempo, receba os sinais. Já a "mídia terciária" requer não apenas um aparato para quem emite, mas também um aparato para quem recebe uma mensagem. Para que se possa alcançar alguém e enviar uma mensagem é preciso que os dois lados possuam os respectivos aparelhos: telefone, rádio, fax, disco, vídeo, televisão, correio eletrônico são os exemplos evidentes.[66]

É nesse cenário de mudanças que Baitello Jr.[67] (2005) nos descreve que, com o passar dos tempos, muita coisa modificou-se nesse caminhar. Antes, o homem que se comunicava presencialmente inscrevia seu pensamento e sentimento em figuras na caverna, na parede, na rocha, querendo significar. Discutindo a ideia da "escalada da abstração" de Flusser, Baitello Jr. mostra-nos que, no percurso das imagens construídas no escuro pelo sujeito para a visibilidade por meio da luz, algo se perdeu, sobretudo ao se transportar para as telas. O homem perde, assim, a tridimensionalidade do corpo:

---

[66] *Idem.* A mídia antes da máquina. *JB Online*, 16 out. 1999. Caderno Ideias. Disponível em: <http://www.cisc.org.br/portal/biblioteca/maquina.pdf>. Acesso em: 7 mar. 2010.

[67] *Idem. Op. cit.*, 2005.

> Aqui perdemos a dimensão de profundidade
> e nos deixamos contaminar pela ocupação das ima-
> gens, nos transformando em aparência sem subs-
> tância, em formas sem história.[68]

Se bem observarmos, no ritual primevo, no qual os corpos estavam presentes, a tridimensionalidade estava ali. A aproximação tão necessária à construção do víncu-lo reforçava os laços da comunidade, mesmo com toda a complexidade inerente ao sujeito. Tudo fazia sentido. A realidade referencializava a vida de todos.

Assim Baitello Jr., citando os estudos de Flusser, expli-ca que nessa escalada da abstração – da tridimensionalidade à nulodimensionalidade –, o sujeito foi perdendo sua profun-didade ao se projetar em imagens. A primeira perda se deu ao projetar as imagens nas paredes, assim reduzindo-se ao bidi-mensional. Tais imagens bidimensionais inscritas na parede da caverna se tornam linhas. O sujeito torna-se unidimen-sional. A escrita entra aqui, otimizando a linguagem, não a linguagem oral, mas vem civilizar o homem, transformando nossas vidas em vidas lineares (carreiras), consequentemente alternando nossa linguagem oral.

A vida perdeu a profundidade e a temporalidade multidirecional com as histórias, vivências e experiências adquiridas na interação com o grupo, transformando-se em narrativas facilmente transportáveis e acessíveis a um maior número de pessoas. Aqui, observamos a presença da

---

[68] *Ibidem*, p. 77.

mídia secundária, tão bem apresentada por Harry Pross, nos estudos de Baitello Jr., na qual um aparato mediador deu corporalidade física às ideias, aos sonhos e sentimentos humanos, conferindo maior transportabilidade às imagens e às informações, na intenção de aumentar os vínculos e vencer a barreira do tempo e do espaço.

Nesta última etapa da escalada da abstração, Baitello Jr. descreve-nos o caminhar da linearidade da escrita para a realidade nulodimensional. As linhas, as narrativas transformam-se em imagens, nas quais os corpos e a realidade não são mais um dado preciso na construção imagética. As imagens, como ele bem diz, adquirem autonomia, se autorreferenciam.

O enfraquecimento dos vínculos sociais, ao passo que constitui uma defesa contra a dependência do outro, aumenta o isolamento e a solidão. Satelitizado pelos meios de comunicação, cercado por aparatos tecnológicos de última geração, o sujeito encontra-se "em rede", conectado ao todo, mas opera suas relações sociais a partir de um *bunker* que revela a natureza destas: deseja falar ao outro para se exibir e até gozar de intimidade instantânea, mas impede a aproximação na esfera presencial.

Da mesma forma como acontece no ciber-ritual das velas e dos terços, na ciberperegrinação a vítima é também o espaço físico. A morte do espaço físico, a desmaterialização, fenômeno típico de nossa era. À desmaterialização do espaço segue-se o sucateamento do corpo, algo inerente à cibercultura. Para ser/estar no *cyberspace*, é preciso abandonar o espaço corpóreo multissensorial e privilegiar os sentidos de distância (visão, audição); a complexidade do sujeito se superficializa em imagens, textos e *hiperlinks*; uma verdadeira escalada da abstração, conforme revela Flusser e Norval Baitello.

Resta-nos perguntar: é possível a experiência da transcendência e do *religare* a partir de um ritual no qual o corpo e o espaço não mais são convidados? Como dissemos anteriormente, o *religare* e a transcendência implicam a imanência: o corpo e o espaço?

Acredito que não! Sem o lugar da imanência, abolido pela ciber-religião, a experiência religiosa converte-se em consumo e não resulta em transcendência, mas apenas em consumo de imagens. Conforme pondera Norval Baitello Jr., ao perceber o fenômeno da iconofagia, não apenas o corpo e o espaço são devorados pelo poder divino da mídia, mas também aqueles que estão envolvidos nela e por ela. A ciber-religião sacrifica, silenciosamente, o *religare*, a transcendência e o humano que há em todos os que buscam o encontro com o sentido maior.

Considerações Finais

A única finalidade da vida é mais vida.

(Anísio Teixeira)

Não tenho a pretensão de encerrar o assunto. Termino este trabalho com a sensação de que não se trata de um fim, mas de um começo. Há muito ainda o que explorar e conhecer. Minha pretensão foi a de deixar uma pequena contribuição para os estudos de Comunicação.

A religião, a religiosidade, o *religare* sempre foram para nós um desafio existencial. Compreendemos que não é a religião que arquiteta o ser humano, mas sim o ser humano que imagina a religião. Assim, o fenômeno do *religare,* embora esteja em busca de algo transcendente, é uma experiência humana, imanente. É também uma experiência cercada pelo mistério. Como disse Rubem Alves:[1] "Há verdades que são frias e inertes. Nelas não se dependura o nosso destino. Quando, ao contrário, tocamos nos símbolos em que nos

---

[1] ALVES, Rubem. *O que é religião*. São Paulo: Ática, 1982.

dependuramos, o corpo inteiro estremece. E este estremecer é a marca existencial da experiência do sagrado".

Comunicação é também estar em comunhão. Malena Contrera, em seus estudos, nos evidencia essa raiz comum de ambas as palavras – *comunicação* e *comunhão*. A experiência religiosa e comunicacional procura vincular os homens aos deuses, mas também vincula homens a outros homens. Buscamos abranger a religião como a arte de edificação de vínculos. Aquele que aspira ao *religare* tenta construir vínculos.

Entretanto, na lógica socioeconômica do capitalismo tardio, obra do processo do *desencantamento do mundo*, comunicação e comunhão foram arredadas. A comunhão tornou-se monopólio da religião, e a comunicação, monopólio da técnica.

Somos levados a crer que a associação das igrejas à mídia que possibilitou o fenômeno da "midiatização da religião e a sacralização da mídia" gira em torno de interesses mercantis. A difusão de rituais religiosos pela Internet, a ciber-religião, obedecem à lógica de consumo, orientada pelos desejos dos indivíduos consumistas bem como pela lógica e participação do catolicismo nos espaços sociais, disputando, com outras religiões, possíveis adesões de fiéis. Trata-se, a meu ver, de uma atitude política com relevos mercadológicos afastada do *religare* tradicional.

A cibercultura, contexto civilizatório no qual brota a ciber-religião, emerge com a promessa de ser um agente democrático e humanitário, mas nada mais é do que um instrumento de controle. A cibercultura converte-se em apropriação dos efeitos tecnológicos ora pelo Estado com interesses militares, ora pelo mercado com interesses de ampliação e reprodução do capital. O compromisso de liberdade submeteu-se à onipotência do capital.

A utilização em grande amplitude dos meios de comunicação eletrônicos como intercessão de experiências religiosas não poderia ser diferente: se por um lado traz a promessa da redenção, da aproximação entre as pessoas, por outro, produz na sua sementeira a mera operacionalidade e a conexão técnica.

A cibercultura, na expressão de Serge Moscovici, tornou-se uma "máquina de fazer deuses". A tecnologia vive seus dias de êxtase. Pode-se mesmo afirmar que "fora da tecnologia não há salvação". Isso acarreta o fenômeno da divinização da mídia, que devora os atributos divinos e se apresenta, com a aquiescência tácita da sociedade, no novo Deus que irá nos conduzir e salvar a humanidade. Aos tecnofóbicos, os novo hereges da pós-modernidade, o "novo deus" imporá a eliminação pura e simples, a exclusão social.

A ciber-religião fundada na comunicação à distância aboliu o corpo físico e o espaço material, promovendo a desmaterialização e o sacrifício do corpo. Sai o corpo entra a imagem que é devorada e, simultaneamente, devora seus interlocutores. A concretude da experiência humana é deixada no passado para emergir no presente uma sociedade escravizada pelos signos da sua visibilidade. Vive-se em um mundo onde tudo o que o compõe deixa de ser valorizado pelo seu sentido real para ser vangloriado pelo seu valor no mercado. Enquanto construção semiótica, o valor simbólico da informação mercadoria segue a lógica hierárquica, que é ditada pelo discurso midiático.

O professor Norval Baitello, em suas aulas, reproduzia para seus interlocutores as palavras do filósofo alemão Günther Anders: "a maior prova de que estamos no apocalipse é o fato estarmos cegos para ele".

Para nós, o fenômeno da ciber-religião, por sacrificar o corpo e o espaço, promove não apenas a comunicação, mas, sobretudo, a incomunicação. A Comunicação é fruto da razão instrumental – instrumento de dominação, poder e exploração, sendo sustentada pela ideologia cientificista, que, através dos meios de comunicação de massa, engendra uma mitologia – a Religião da Ciência – contrária ao espírito iluminista e à emancipação da humanidade.

Como dissemos antes, acreditamos que comunicação não é transmissão de informação: é vínculo. Máquinas conectam-se, seres humanos vinculam-se. Comunicação é vínculo. Comunicamo-nos porque carecemos de afeto, de calor, de segurança. Quando isso não ocorre, germina um imenso vazio. É no imenso vazio que nasce o desejo de comunicação, de religação com o "outro". Do vazio pode nascer a alteridade.

A grandeza de todo ser humano reside no potencial de restaurar vínculos danificados: a resiliência. Sejamos capazes de abrir nossos olhos, ver a realidade com lucidez, esperança e, sobretudo, de vincularmo-nos à vida.

Referências
Bibliográficas

ADORNO, Theodor W.; HORKHEIMER, Max. *A Dialética do Esclarecimento:* fragmentos filosóficos. Rio de Janeiro: Jorge Zahar Editor, 1985.

AGUIAR, Carla Maria Osório de. *Imagens da intolerância na mídia*: apropriação dos elementos da cultura negra pela IURD na configuração dos programas religiosos da TV Record. 2007. Dissertação (Mestrado em Comunicação) – Universidade Paulista, São Paulo, 2007. Disponível em: www.cipedya.com/web/FileDownload.aspx?IDFile=171472. Acesso em: 20 mar. 2010.

ALVES, Rubem. *O que é religião*. São Paulo: Ática, 1982.

ARCHER Jr., Gleason L.; HARRIS, R. Laird; WALTKE, Bruce K. (Org.) *Dicionário Internacional de Teologia do Antigo Testamento.* São Paulo: Vida Nova, 2000.

ARRAIS, Daniela. Crianças brasileiras ficam mais de 19h na internet por mês. *Folha de S.Paulo.* 19 nov. 2008. Disponível em: <http://www1.folha.uol.com.br/folha/informatica/ult124u439545.shtml>. Acesso em: 30 nov. 2008.

ARMSTRONG, Karen. *Uma história de Deus*: quatro milênios de busca do judaísmo, cristianismo e islamismo. São Paulo: Companhia das Letras, 1994.

ASSMANN, Hugo. *A igreja eletrônica e seu impacto na América Latina*. Petrópolis: Vozes; São Paulo: WACC, 1986.

AUGÉ, Marc. *Não-lugares*: uma introdução à antropologia da supermodernidade. 6. ed. Campinas: Papirus, 2007.

AZEVEDO, Antonio Carlos do Amaral; GEISER, PAULO. *Dicionário Histórico das Religiões*. Rio de Janeiro: Nova Fronteira, 2002.

BAITELLO JUNIOR, Norval. *A serpente, a maçã e o holograma*: esboços para uma teoria da mídia. São Paulo: Paulus, 2010.

_____. A mídia antes da máquina. *JB Online*, 16 out. 1999. Caderno Ideias. Disponível em: <http://www.cisc.org.br/portal/biblioteca/maquina.pdf>. Acesso em: 07 mar. 2010.

_____. Vínculo. In: MARCONDES FILHO, Ciro. (Org.). *Dicionário de Comunicação*. São Paulo: Paulus, 2009.

_____. *A era da iconofagia*: ensaios de comunicação e cultura. São Paulo: Hackers, 2005.

_____. *O animal que parou os relógios*. Annablume, São Paulo, 1997.

BARBROOK, Richard. *Futuros imaginários*: das máquinas pensantes à aldeia global. São Paulo: Peirópolis, 2009. Disponível em: <http://futurosimaginarios.midiatatica.info>.

BAUMAN, Zygmunt. *Comunidade*: a busca por segurança no mundo atual. Rio de Janeiro: J. Zahar, 2003.

_____. *Modernidade líquida*. Rio de Janeiro: J. Zahar, 2001.

_____. *Vida Líquida*. Rio de Janeiro: J. Zahar, 2007.

_____. *Vida para o consumo*: a transformação das pessoas em mercadoria. Rio de Janeiro: J. Zahar, 2008.

BENJAMIN, Walter. A obra de arte na era de sua reprodutibilidade técnica. In: *Obras escolhidas*, v. I. Magia e técnica, arte e política. São Paulo: Brasiliense, 1994.

BEOZZO, José. *A Igreja do Brasil*: de João XXIII a João Paulo II. Petrópolis. Vozes, 1994.

BERGER Peter T; LUCKMANN, Thomas. *A construção social da realidade*: tratados de Sociologia do Conhecimento. Petrópolis: Vozes, 1985.

BERMAN, Marshall. *Tudo que é sólido desmancha no ar*: a aventura da modernidade. São Paulo: Cia. das Letras, 1991.

BETH, Hanno; PROSS, Harry. *Introducion a la ciência de la comunicacion*. Barcelona: Antropos, 1990.

BETTO, Frei. *A religião do consumo*. Disponível em: <http://www.cienciaefe.org.br/jornal/arquivo/betto/relig.htm>. Acesso em: 20 mar. 2010.

BROWN, Colin D.; COENEN, Lothar (Org.). *Dicionário Internacional de Teologia do Novo Testamento*. São Paulo: Vida Nova, 2000.

BRUNEAU, Thomas C. *O catolicismo brasileiro em época de transição*. São Paulo, Loyola, 1974.

BOFF, Leonardo. *Tempo de transcendência*: o ser humano como um projeto infinito. São Paulo: Editora Sextante, 2000.

BYSTRINA, Ivan. *Tópicos da semiótica da cultura*. São Paulo: Centro Interdisciplinar de Semiótica da Cultura e da Mídia, PUC-SP, 1995. Disponível em: <http://cisc.org.br/html/>.

CAMPBELL, Joseph. *O poder do mito*. São Paulo: Palas Athena, 1990.

_____. *O herói de mil faces*. São Paulo: Cultrix/Pensamento, 1994.

CAMPBELL, Joseph. *As transformações do mito através do tempo*. São Paulo: Cultrix, 1993.

CAMPOS, Leonildo S. *Teatro, templo e mercado*: organização de marketing de um empreendimento neopentecostal. Petrópolis: Vozes, 1997.

_____. A Igreja Universal do Reino de Deus, um empreendimento religioso atual e seus modos de expansão (Brasil, África e Europa). 1999. Disponível em: <www.lusotopie.sciencespobordeaux.fr/campos99.pdf>. Acesso em: 20 jan. 2009.

CARPANEZ, Juliana. Ibope passa a usar *Orkut* para entender consumidor brasileiro. G1. 19 jun. 2008. Disponível em: <http://g1.globo.com/Noticias/Tecnologia/0,,MUL607126-6174,00.html>. 2008. Acesso em: 13 set. 2008.

CASTELLS, Manuel. *A sociedade em rede*: a era da informação – economia, sociedade e cultura. São Paulo: Paz e Terra, 1999.

CAVA, Ralph Della; MONTERO, Paula. *E o verbo se faz imagem*: Igreja Católica e os meios de comunicação no Brasil, 1962-1989. Petrópolis: Vozes, 1989.

CHAUÍ, Marilena. *Simulacro e poder*: uma análise da mídia. São Paulo: Fundação Perseu Abramo, 2006.

CHAVES, Érica; LUZ, Lia. A nova civilização *on-line*. *Veja Tecnologia*, São Paulo, ano 40, n. 2022, p. 12-16, ago. 2007.

CONTRERA, Malena Segura. *O mito na mídia*: a presença de conteúdos arcaicos nos meios de comunicação. São Paulo: Annablume, 2000.

_____. *Mídia e pânico*: saturação da informação, violência e crise cultural na mídia. São Paulo: Annablume; Fapesp, 2002.

CONTRERA, Malena Segura. Publicidade e mito. In: CONTRERA, Malena Segura; HATTORI, Osvaldo Takaoki (Org.). *Publicidade e Cia*. São Paulo: Pioneira Thomson Learning, 2003.

_____. A dessacralização do mundo e a sacralização da mídia: consumo imaginário televisual, mecanismos projetivos e a busca da experiência comum. In: BAITELLO JUNIOR, Norval et al. (Org.). *Os símbolos vivem mais que os homens:* ensaios de comunicação cultura e mídia. São Paulo: Annablume, 2006, p. 107-120.

DIAS, Arlindo Pereira. *Domingão do cristão*: estratégias de comunicação da Igreja católica. São Paulo: Salesiana, 2006.

DOMEZI, Maria Cecília. *Do corpo cintilante ao corpo torturado*: uma Igreja em operação periferia. São Paulo: Paulus,1995.

DORES, Kelly. Web apresenta índices recordes. *Propaganda e Marketing*, p. 19, set. 2008.

DURKHEIM, Émile. *As formas elementares de vida religiosa*: o sistema totêmico na Austrália. São Paulo: Paulinas, 1989.

_____. As regras do método sociológico. São Paulo: Editora Nacional, 1978.

DUPAS, Gilberto. *Ética e poder na sociedade da informação:* de como a autonomia das novas tecnologias obriga a rever o mito do progresso. São Paulo: Unesp, 2001.

ELIADE, Mircea. *O sagrado e o profano*: a essência das religiões. São Paulo: M. Fontes, 1992.

_____; COULIANO, Ioan P; H. S. Wiesner (colaborador). *Dicionário das Religiões*. São Paulo: Martins Fontes, 1999.

_____. *Mito e Realidade*. São Paulo: Editora Perspectiva, 1972.

_____. *História das Crenças e da Ideias Religiosas*. Rio de Janeiro: Zahar Editores, 1978.

FLUSSER, Vilém. *Da religiosidade*: a literatura e o senso de realidade. São Paulo: Comissão Estadual de Cultura, 1967.

FOLHA de S. Paulo, caderno Mais!, 19 out. 2003.

FONTELES, Heinrich Araújo. *Programa Show da Fé*: um retrato da construção midiática da mídia religiosa evangélica. 2007. 185 f. Dissertação (Mestrado em Comunicação) – Universidade Paulista, São Paulo, 2007. Disponível em: <http://www3.unip.br/ensino/pos_graduacao/strictosensu/comunicacao/download/comunic_heinricharaujofonteles.swf>. Acesso em: 06 jun. 2009.

GEERTZ, Clifford. *A interpretação das culturas*. Rio de Janeiro: Guanabara Koogan, 1989.

GIDDENS, Anthony. (reimpressão). *As consequências da modernidade*. São Paulo: ed. Unesp, 1991.

GUIMARAES, Waldinei Comercio de Souza. *O crepúsculo em Santiago*: a jornada do peregrino rumo a religiosidade e a descoberta analítica. Dissertação (Mestrado em Ciências da Religião) – Pontifícia Universidade Católica de São Paulo. Disponível em: http://aleph50018.pucsp.br/F/U8FEY2VP-CQB5ENBRCTH9AIQYTA3E8ECJGGS8B5GIK4N-6VHJN7A-20838?func=service&doc_library=PSP01&doc_number=000217208&line_number=0001&func_code=WEB-BRIEF&service_type=MEDIA.

HARVEY, David. *A condição pós-moderna*: uma pesquisa sobre as origens da mudança cultural. São Paulo: Loyola, 1992.

HOBSBAWM, E. *Era dos extremos*. O breve século XX (1914-1991). São Paulo: Cia. das Letras, 1995.

_____. *Globalização, Democracia e Terrorismo*. São Paulo: Cia. das Letras, 2007.

INSTITUTO BRASILEIRO DE GEOGRAFIA E ESTA-TÍSTICA. Disponível em: < http://www.ibge.gov.br/home>. Acesso em: 06 jun. 2010.

KLEIN, Alberto. *Imagens de culto e imagens da mídia*: interferências midiáticas no cenário religioso. Porto Alegre: Sulina, 2006.

KUNSCH, Waldemar Luiz. O *Verbo se faz palavra* – Caminhos da comunicação eclesial católica, São Paulo: Paulinas, 2001.

LACOSTE. Jean-Yves Lacoste. *Dicionário Crítico de Teologia*. São Paulo: Paulinas; Loyola, 2004.

LAGRÉE. Michel. *Religião e tecnologia*: a benção e prometeu. Bauru, SP: Edusc, 2002.

LANIER, Jaron. *Gadget* – Você não é um aplicativo: um manifesto sobre como a tecnologia interage com a nossa cultura. São Paulo: Saraiva, 2010.

LEVY, Pierre. *Cibercultura*. São Paulo: Ed. 34, 1999.

LISBOA, Luiz Carlos. *Música da Nova Era:* apresentação e discografia essencial de Mirna A. Grzich. 2. ed. Livraria Cultura Editora: São Paulo. 1989.

LYOTARD, Jean-François. *O pós-moderno*. Rio de Janeiro: José Olympio, 1986.

MAINWARING, Scott. *A Igreja Católica e política no Brasil*. São Paulo, Brasiliense, 1989.

MARCONDES FILHO, Ciro. (Org.). *Dicionário de Comunicação*. São Paulo: Paulus, 2009.

MARX, Karl; ENGELS, Friedrich. *Manifesto do partido comunista* – 1848. Porto Alegre: L&PM, 2007.

MELO, Fábio de. Disponível em: < www.fabiodemelo.com.br>. Acesso em: 06 jun. 2010.

MONTEIRO, Márcio Wariss. *A falácia da interatividade:* crítica das práticas glocais na cibercultura. Dissertação de Mestrado em Comunicação e Semiótica – Programa de Estudos Pós-Graduados em Comunicação e Semiótica PUC-SP, 2006. Disponível em: <http://www.sapientia.pucsp.br/tde_busca/arquivo. php?codArquivo=3773>. Acesso em: 30 nov. 2008.

MORIN, Edgar. *O homem e a morte.* Lisboa: Europa-América, 1988.

MORIN, Edgar. *Cultura de massas no século XX:* neurose – o espírito do tempo. 8. ed., vol. 1. Rio de Janeiro: Forence Universitária, 1990.

_____. *Introdução do pensamento complexo.* Porto Alegre: Sulina, 2007.

OBSERVATÓRIO de mídia. Disponível em: <http://observatoriodemidia.blogspot.com>. Acesso em: 4 jul. 2009.

O MUNDO virtual dos evangélicos. Disponível em: <http:// www.istoe.com.br/reportagens/650_O+MUNDO+VIRTU AL+DOS+EVANGELICOS?pathImagens=&path=&actual Area=internalPage>. Acesso em: 28 fev. 2010.

PALHARES, Joaquim. Tarefas para democratizar a mídia. Observatório da imprensa. Disponível em: <http://www. observatoriodaimprensa.com.br/news/view/venicio-lima>. Acesso em: 4 jul. 2009.

PONTIFÍCIO CONSELHO PARA AS COMUNICA-ÇÕES SOCIAIS – IGREJA E INTERNET. Disponível em: <http://www.vatican.va>. Acesso em: 07 jan. 2010.

RCC BRASIL. Disponível em: <http://www.rccbrasil.org. br>. Acesso em: 06 jun. 2010.

PROSS, Harry. *La estructura simbólica del poder.* Barcelona: G. Gili, 1980.

RECUERO, Raquel. *Redes Sociais na Internet*. Porto Alegre: Sulina, 2009.

REVISTA CARTA CAPITAL, p. 36, 14 out. 2009.

ROSSI, Marcelo. Disponível em: <http://www.padremarcelorossi.com.br>. Acesso em: 06 jun. 2010.

RUDIGER, Francisco. *Introdução às teorias da cibercultura*. Porto Alegre: Sulina, 2003.

SANTOS, Milton. *Por uma outra globalização*: do pensamento único à consciência universal. 5. ed. Rio de Janeiro: Record, 2004.

SÃO FREI GALVÃO. Disponível em: <http://www.saofreigalvao.com/index.asp>. Acesso em: 20 mar. 2010.

SIEPIERSKI, Carlos Tadeu. *O sagrado num mundo em transformação*. São Paulo: ABHR, 2003.

SODRÉ, M. *Máquina de Narciso*: televisão, indivíduo e poder no Brasil. São Paulo: Cortez, 1990.

THE Economist. Disponível em: <http://www.economist.com>. Acesso em: 20 mar. 2010.

TRIVINHO, Eugênio. *A dromocracia cibercultural*: lógica da vida humana na civilização mediática avançada. São Paulo: Paulus, 2007.

_____. *O mal-estar da teoria*: a condição da crítica na sociedade tecnológica atual. Rio de Janeiro: Quartet, 2001.

_____. *Redes*: obliterações no fim de século. São Paulo: Annablume, 1998.

VATICANO lança canal no *YouTube*. Disponível em: <http://noticias.cancaonova.com/noticia.php?id=272152>. Acesso em: 20 mar. 2010.

VIRILIO, Paul. *Cibermundo*: a política do pior. Lisboa: Teorema, 2000.

VIRILIO, Paul. *O espaço crítico e as perspectivas do tempo real*. São Paulo: Ed. 34, 2005.

_____. *Guerra pura*: a militarização do cotidiano. São Paulo: Brasiliense, 1984.

_____. *Velocidade e política*. São Paulo: Estação Liberdade, 1996.

WEBER, Max. A *ética protestante e o espírito do capitalismo*. São Paulo: Cia. das Letras, 2005.

_____. *Economia e Sociedade*, Vol. 1 e 2. Brasília: UNB, 1999.

_____. *Ciência e Política*. Duas vocações. São Paulo: Cultrix, 2004.

WIENER, N. *Cibernética e Sociedade*: o uso humano de seres humanos. São Paulo: Cultrix, 1968.